Kultbuch
KÖLN

Jürgen Raap

Kultbuch KÖLN

Alles, was wir lieben: von Adenauer bis Zeltinger

KOMET

www.komet-verlag.de
Text: Jürgen Raap
Gesamtproducing und Bildredaktion: Hans-Joachim Schneider, Köln
Gesamtherstellung: KOMET Verlag GmbH, Köln
ISBN 978-3-86941-037-1

Inhalt

Vorwort

Noch´n Buch über Köln?

Ja, aber ein anderes. Dieses Buch wird die Stadt Köln nicht in ihrer Gesamtheit erfassen – welches Buch kann das schon – und soll es auch gar nicht. Es will Personen, Gebäude, Ereignisse und Rituale aufzeigen, die der Stadt und ihren Menschen lieb und teuer oder wie man heute sagt KULT sind.

Man ahnt die mehr als zweitausendjährige Geschichte, die bei einem Spaziergang durch die Gassen und Straßen Kölns immer wieder präsent ist und Personen, die im Gedächtnis der Kölner einen festen Platz haben. (Wie Kardinal Frings, der mit seiner Sylvesterpredigt 1946 der deutschen Sprache ein neues Verb geschenkt hat: „fringsen.")

Köln hat eine kulturelle Bandbreite wie kaum eine andere Stadt. Das geht im Bereich der Musik von Ostermann über Stockhausen und Herbolzheimer bis zu den Bläck Fööss oder Brings. Im Bereich der bildenden Kunst von den Künstlern, die das Dionysos-Mosaik gestaltet haben, bis HA Schult.

Das Wichtigste aber sind die Menschen, die in dieser Stadt leben. Es ist eine Legierung, wie sie nur hier am Rhein und auch nur in dieser Form entstehen konnte. Am besten hat sie Carl Zuckmayer in „Des Teufels General" beschrieben, wenn der General dem Leutnant Hartmann die Bedeutung seines Ursprungs erklärt. Da ist vom „römischen Feldhauptmann" die Rede, vom „keltischen Krieger", vom „jüdischen Gewürzhändler", vom „Schiffer aus Holland", und vom „Müllersbursch aus dem Elsaß". Der General nennt das „natürlichen Adel", da ist die Rede „vom Rhein von der großen Völkermühle". Und ich sehe das genauso.

Wenngleich das mitunter dazu führen kann, dass der Kölner die Realität manchmal verkennt und Köln für den Nabel der Welt hält. Es gibt böse Menschen, die den Fall etwas tiefer sehen. Aber wie dem auch sei, ich liebe diese Stadt und wenn Sie das Buch gelesen haben, werden sie mich verstehen können!

Peter Millowitsch

Adenauer, Konrad

Als Konrad Adenauer (1876–1967) mit einer Stimme Mehrheit, nämlich seiner eigenen, 1949 zum ersten Bundeskanzler gewählt wurde, hatte der Mitbegründer der CDU sich längst den Ruf eines pragmatischen Machttaktikers erworben. Er handelte nach der Devise: „Nehmen Se die Menschen, wie se sind, andere jibt et nicht." Schon in seiner Zeit als Kölner Oberbürgermeister (1917–1933 und 1945) war seine Schlagfertigkeit und Schlitzohrigkeit legendär. Als 1927 im Kölner Stadtrat beispielsweise über den Bau der Mülheimer Brücke abgestimmt wurde, favorisierte OB Adenauer die Konstruktion einer Hängebrücke, die Jury hingegen eine Bogenbrücke nach dem Entwurf der Firma Krupp. Seine Gründe: Für eine Hängebrücke hätte das Kabelwerk Felten & Guillaume in Köln-Mülheim die Trageseile liefern können. Außerdem gehörte dessen Direktor zugleich Adenauers Zentrum-Fraktion im Stadtrat an. Schließlich soll der Oberbürgermeister die gegnerische Fraktion der Kommunisten mit dem listigen Argument, in Leningrad gäbe es auch keine Bogenbrücke, auf seine Seite gezogen und mit einem Ergebnis von 43:36 Stimmen sein Modell durchgesetzt haben.

Aufnahme Konrad Adenauers aus seiner Zeit als Kölner Bürgermeister

Durch die Hungerwinter des Ersten Weltkriegs brachte Adenauer die darbende Bevölkerung mit der Verfügung, städtische Vorräte an Graupen anzulegen. Damit begründete er bei den Kölnern seine dauerhafte Popularität. „Graupenauer" nannte man ihn damals. Er entwickelte auch ein eigenes Rezept für ein nahrhaftes Schwarzbrot. Die Traditionsbäckerei Balkhausen in der Apostelnstraße bietet noch heute ein solches „Adenauerbrot" an.

Köln hat seiner OB-Zeit die Entwicklung zu einer modernen Großstadt zu verdanken. Nach dem

Ersten Weltkrieg mussten die preußischen Festungsanlagen abgetragen werden. An ihrer Stelle ließ Adenauer zwischen 1922 und 1929 rund um die Stadt den Inneren und den Äußeren Grüngürtel anlegen. Das Freibad und die Stadion-Hauptkampfbahn im Müngersdorfer Sportpark galten damals als die modernsten ihrer Art in Europa. Der 1928 eingeweihte Flughafen am Butzweiler Hof war nach Berlin-Tempelhof der zweitgrößte in Deutschland. Die Wiedereröffnung einer Universität in Köln (1919), der Bau der Deutzer Messehallen (ab 1922) und die Ansiedlung der Ford-Werke (1930) sind weitere Höhepunkte in Konrad Adenauers Amtszeit, die 1933 mit der Entlassung durch die Nazis endete. Nach dem Ende des Zweiten Weltkriegs wurde er 1945 erneut als OB berufen, doch die britische Besatzungsmacht entließ ihn bereits einige Monate später wieder. Fortan lebte Konrad Adenauer in Rhöndorf. Von dort aus hatte er es als Bundeskanzler nicht weit nach Bonn, und es heißt, vor allem deswegen habe er sich 1949 für Bonn anstelle von Frankfurt/Main als Bundeshauptstadt eingesetzt.

Konrad Adenauer mit Henri Ford bei der Grundsteinlegung zu den Fordwerken in Niehl

Ahl Säu

Das Absingen traditioneller Karnevalslieder von Willi Ostermann und den anderen „Rhein, Wein, Mägdelein"-Komponisten bezeichnet die alternative Szene ironisch als „Willi-Ostermann-Folter". Stattdessen persifliert sie diese Lieder in drastischen Verhunzungen der Texte. Bei den „Ahl Säu" sind diese Parodien oft nicht jugendfrei, und man ahnt, warum sie sich so nennen.

Zugteilnehmerin in ihrem Ahl-Säu-Kostüm

Die Ahl Säu sind eine lose Gruppe, die aus der Tradition der Künstlerbälle in den 1920er- und frühen 1930er-Jahren hervorgegangen ist. Zu den „Fracksitzungen" der gutbürgerlichen Karnevalsgesellschaften erschien man damals im Frack oder dunklen Anzug; die Damen trugen festliche Abendgarderobe. Zu den Lumpen- und Scheunenbällen der Künstler hingegen kamen die Gäste im einfachen Lumpenkostüm. Louise Straus-Ernst, die erste Frau von Max Ernst, hat in ihren Memoiren „Nomadengut" die Atmosphäre dieses Künstlerkarnevals um 1930 anschaulich beschrieben. Der Maler Anton Räderscheidt gilt als Mitbegründer einer dieser Künstlerbälle, dessen Tradition die Ahl Säu in unseren Tagen fortsetzen. Er findet immer am Karnevalssamstag im Jazzhaus Stadtgarten statt, und zwar jeweils zu einem bestimmten Motto. Die Gäste tragen dann entsprechende Kostüme. 2010 zum Beispiel lautete das Motto „Ägypten", im Jahr davor „Alla(h)f". Da bestand die Saaldekoration aus einem Köln-Panorama mit Minaretten und dem Hochhaus der „Axa-Versicherung" als „Al Axa"-Gebäude.

Künstler sind unter den Ballgästen heute allerdings in der Minderheit, doch es geht – im Unterschied zu den Bällen der Traditionsgesellschaften – bei den Ahl Säu immer noch recht ausgelassen zu. Dem Rosenmontagszug gehen sie seit Jahren in ihren originellen, selbst gemachten Kostümen als inoffizielle Vorgruppe voran, und das Festkomitee Kölner Karneval toleriert dies. An den übrigen Karnevalstagen feiern die Ahl Säu in einer Kneipe im Agnesviertel, die schon eine Woche vor Weiberfastnacht geschlossen und dann an den folgenden Tagen für ihre Partys aufwändig dekoriert wird.

Der Ahl-Säu-Ball 2010 stand unter dem Motto Ägypten

Albertus Magnus

Auf dem Platz vor der Kölner Universität steht eine Skulptur des Bildhauers Gerhard Marcks aus dem Jahr 1956. Sie zeigt den Theologen Albertus Magnus, der als Urvater dieser Hochschule gilt. Er begründete für den Dominikanerorden an der Stolkgasse 1248 ein Studienzentrum. Der später berühmteste Lehrer dort war aber nicht Albertus selbst, sondern sein Meisterschüler Thomas von Aquin. Denn erst dieser vollendete die Anstrengungen seines Lehrmeisters, im Denken der Scholastik die naturwissenschaftlichen Erkenntnisse mit dem christlichen Glauben zu vereinbaren.

Historische Darstellung des Albertus Magnus

In seiner Schrift „De animalibus" entwickelte Thomas von Aquin eine zoologische Systematik, die ihm als Argument diente, auch in der Formenvielfalt der niedrigsten Tiere offenbare sich die Kunst der göttlichen Schöpfung. Albertus Magnus, der 1941 vom Papst zum Schutzpatron der Naturwissenschaftler erklärt wurde, wirkte jedoch auch im weltlich-politischen Bereich: 1252 vermittelte er im „großen Schied" zwischen den Kölner Bürgern und dem Erzbischof, der anschließend die Rechte der Bürger anerkannte.

1280 starb der Gelehrte in Köln, wo auch seine Gebeine in der Krypta von St. Andreas begraben sind.

Als Papst Urban VI. 1388 den Kölnern die Einrichtung eines städtischen „Generalstudiums" erlaubte, war dies nach den fürstlichen Universitätsgründungen in Prag, Wien und Heidelberg die erste Universität, die von einer Bürgerschaft ins Leben gerufen wurde. Sie nahm am Dreikönigstag, dem 6. Januar 1389, ihren Lehrbetrieb auf und verzeichnete schon im ersten Jahr 700 Immatrikulationen an ihren vier Fakultäten.

1787 bekamen die domstädtischen Wissenschaftler regionale Konkurrenz durch eine

Universität, die die Kölner Erzbischöfe in Bonn gründeten. 1798 löste die französische Besatzungsmacht alle Universitäten auf, und als der preußische König 1815 neuer Landesherr wurde, erschien ihm in der Rheinprovinz eine einzige Universität in Bonn als ausreichend. Erst 1919 konnte OB Konrad Adenauer der preußischen Landesregierung eine Anhebung der Kölner Handelshochschule zur Universität abringen. Seitdem wuchs sie mit ihren Instituten beständig: Mit 62.000 Immatrikulationen im Jahr 1997 avancierte die Kölner Universität schließlich zur größten in Deutschland, vor jener in München. Insgesamt verfügt Köln heute über 16 Hochschulen und fünf Forschungszentren. Sie nehmen im internationalen Wissenschaftsbetrieb Spitzenpositionen in der Luft- und Raumfahrt, in der Bio- und Gentechnologie, in der Gesellschaftsforschung und seit Kurzem auch in der Altersforschung ein.

Die Albertus-Magnus-Skulptur des Bildhauers Gerhard Marcks vor dem Hauptgebäude der Kölner Universität

Archäologische Zone

Stolz sind die Kölner auf die römischen Fundamente ihrer Stadt. Das Dionysos-Mosaik und andere Grabungsfunde werden im Römisch-Germanischen Museum aufbewahrt, und was rund um das Rathaus freigelegt wurde, hat man 2010 zur so genannten „Archäologischen Zone" zusammengefasst. Dort bilden die Originalstandorte auf rund 7000 Quadratmetern Fläche ein unterirdisches Museum. Das Projekt ist Teil der „Regionale 2010", einem Strukturprogramm der Landesregierung von NRW.

Zu dieser Zone gehört auch das Praetorium unter dem Rathaus. Die Reste des Palastes lassen ahnen, wie prunkvoll der römische Statthalter hier einst residierte, mit Marmorverkleidungen, reich ausgestatteten Wandmalereien und sogar einer Fußbodenheizung. Später benutzten die fränkischen und merowingischen Könige das Praetorium als Königsplast: Bis zur Zeit Karls des Großen diente es als Residenz, bis es um 780/790 durch ein Erdbeben zerstört wurde.

Vom Vorraum des Praetoriums aus erfolgt der Zugang zu einem römischen Abwasserkanal, der zum Rhein führte. Er ist jetzt bis zum Alter Markt freigelegt und auf einer Strecke von 150 Metern begehbar. Im Zweiten Weltkrieg benutzte man diesen römischen Kanal sogar als Bunker.

Eine andere zentrale Anlaufstelle der Archäologischen Zone sind die aus dem Mittelalter stammenden Reste des jüdischen Viertels vor dem Rathaus. Hier ist die Mikwe zu besichtigen, das Kultbad, dessen Wasserstand vom Pegel des Rheins abhängig war. Der Schacht erstreckt sich bis zum Grundwasserspiegel 15 Meter in die Tiefe. Bis zur Vertreibung der Juden aus der Stadt 1424 benutzten die männlichen Mitglieder der Gemeinde das Bad nach einem Verstoß gegen die religiösen Reinheitsgesetze. Frauen badeten hier nach Geburten und nach der Monatsblutung.

Durch den Eingang zum Historischen Rathaus gelangt man auch in einen unterirdischen Bereich mit den Resten des mittelalterlichen jüdischen Hospitals und mit einem römischen Portikus. Erhalten ist sind hier einige Mauerstücke des Kellers, der einst zum Haus Lyver-

Praetorium unter dem Rathaus: römische Zivilisation mit Fußbodenheizung

mann gehörte und den man baulich in römische Ruinenteile integriert hatte.

Als „Außenstelle" der Archäologischen Zone liegt ein paar Hundert Meter entfernt am Mühlenbach das Ubiermonument: Der Eckturm der vorkolonialen römischen Stadtbefestigung gilt nicht nur als der älteste Steinbau Kölns, sondern sogar als ältester römischer Quaderbau nördlich der Alpen. Die Pfahlrostfundamente werden auf 4 n. Chr. datiert. Den Namen „Ubiermonument" verdankt der Bau der Tatsache, dass die Römer ihre Kolonie auf dem Gebiet des Germanenstammes der Ubier gründeten.

ART COLOGNE

1963 durfte der Kölner Galerist Hein Stünke das Grafikprogramm der Kasseler „documenta“-Ausstellung betreuen. Stünke stellte erstaunt fest, dass dort in Kassel an jedem einzelnen Tag mehr Besucher zu der Ausstellung kamen als im gesamten Jahr in seine Kölner Galerie: Die Idee zum Kölner Kunstmarkt war geboren. 1967 hielten Hein Stünke und sein Kollege Rudolf Zwirner die weltweit erste Messe für zeitgenössische Kunst im Kölner Gürzenich ab. 24 Galeristen stellten ihr Programm vor, und das Konzept ging auf: Junge Unternehmer reisten als Sammler sogar aus Berlin an, um in Köln Kunst zu kaufen.

In all den Jahren ging allerdings kaum ein Kunstmarkt ohne internen Knatsch über die Bühne. 1970 war die Kunsthalle am Neumarkt Veranstaltungsort, und dort fanden sich dann auf dem Vorhof die Künstler Joseph Beuys, Wolf Vostell und Klaus Staeck zusammen mit dem Kölner Galeristen Hartmut Rywelski zur Protestaktion „Wir betreten den Kunstmarkt“ ein. Messe-Mitorganisator Rudolf Zwirner verrammelte schnell die Eingangstür, so dass die Protestierer draußen blieben und dort lautstark ihren Unmut gegen „die Exklusivität der Messe“ artikulierten, bis der damalige Kulturdezernent Dr. Kurt Hackenberg ihnen schließlich doch noch Einlass gewährte.

Seit 1975 heißt dieser Kunstmarkt nun ART COLOGNE, und er wird seitdem in den Deutzer Messehallen ausgerichtet. Als die ART COLOGNE 1995 mit 350 teilnehmenden Galerien eine „Übergröße“ erreicht hatte, gründeten einige abtrünnige Kunsthändler als Alternative das „Artforum Berlin“. Diese Messe beschränkt sich bewusst auf nur 130 Aussteller und auf Kunst ab 1960, während auf der ART COLOGNE (2010: etwa 180 Teilnehmer) auch weiterhin die Kunst der Klassischen Moderne von 1900–1950 einen erheblichen Teil des Angebots ausmacht.

In den 1980er- und frühen 1990er Jahren galt die ART COLOGNE neben der Art Basel als Marktführer unter den internationalen Kunstmessen. Die geografisch günstige Lage zu den Benelux-Staaten und Frankreich sowie eine langjährige Sammlertradition im Rheinland, flankiert durch hochkarätige Museen und eine lebendige Kunstszene vor Ort, garantierten Köln fast vier Jahrzehnte lang eine weltweit herausragende Bedeutung als Kunsthandelsplatz. Doch in jüngster Zeit machten Konkurrenzveranstaltungen in London oder Miami sowie die kulturelle Anziehungskraft der Hauptstadt Berlin den ART-COLOGNE-Veranstaltern arg zu schaffen. Zudem monierten manche Kritiker, die ART COLOGNE sei in den letzten Jahren zu behäbig geworden. Der künstlerische Leiter Daniel Hug hat seit seinem Amtsantritt 2008 allerdings schon einige Reformmaßnahmen eingeleitet, damit die ART COLOGNE wieder mehr Anschluss an den internationalen Kunsthandel erhält.

Paola Guadagnino, Marco Altavilla, Galerie T293, Neapel, und Martin Soto Climent, Künstler, auf der Art Cologne 2009

Bläck Fööss

Sie sind die Urmutter aller Gruppen, die kölsche Texte im Repertoire haben. In den späten 1960er-Jahren nannten sie sich als eine der zahlreichen Kölner Beat-Bands noch „Stowaways" und sangen englisch. 1970 debütierten sie auf Karnevalssitzungen mit dem „Rievkooche-Walzer" (Reibekuchen-Walzer). Die konservativen Elferratsmitglieder schauten reichlich irritiert, als sechs langhaarige Musiker mit E-Gitarren zu ihnen auf die Bühne kamen und auch noch barfuß aufspielten. Daher der neue Band-Name „Bläck Fööss", denn „bläck" bedeutet auf Kölsch „nackt".

Tommy Engel, der lange als Frontmann am Erfolg der Bläck Föös beteiligt war, beschloss 1994 eine Solokarriere zu starten

Mit „Drink doch ene mit" (1971) und „Mer losse d'r Dom en Kölle" (1973) etablierten sie sich jedoch sehr rasch im Sitzungskarneval und stürmten dann Jahr für Jahr auf Platz 1 der „Närrischen Hitparade". War bis dato das rhythmische Spektrum der Karnevalsmusik mit Schunkelwalzer und Märschen recht bescheiden, so bereicherten die Bläck Fööss das Brauchtum nun um neue Töne: „Leev Linda Lou" (1974) ist ein rockiges Blues-Stück, „Et Spanien-Leed" (1976) lehnt sich an den Flamenco an, „Treck noch ens dat Kleid an" (1979) wird als schneller Rock 'n' Roll dargeboten und „Am Bickendorfer Büdche" (2005) als Merengue. „Katrin" (1984) und „Bye bye my love" (1985) sind musikalisch und textlich ironische Parodien auf Schlagerschnulzen. „En unsrem Veedel" (1974) intoniert man in Köln inzwischen selbst bei ernsthaften Gedenkveranstaltungen als Hymne. Kaum ein anderes Lied bringt die emotionalen Befindlichkeiten der kölschen Seele so präzise auf den Punkt: „Dat schönste, wat mer han schon all die lange Johr, es unser Veedel …" (Das schönste, was wir schon in all den langen

Jahren haben, ist unser Viertel). Die starke Identifikation mit dem Stadtteil, d. h. mit der unmittelbaren Lebensumgebung, bietet für den Kölner einen Ruhepol und mentalen Orientierungsrahmen in einer für ihn sonst stürmischen Welt.

Jungen: „Ming eezte Fründin, dat wor et Meiers Kättche, un ich fuhr mem Rädche Dach för Dach zo ihm …" (Meine erste Freundin war Meiers Käthchen, und ich fuhr mit dem Rädchen Tag für Tag zu ihr …). Im Lied „Unsere Stammbaum" (2000) bekennen sich die Bläck Fööss

Nicht zu verwechseln: Die Bläck Fööss sind Kölsch-Band Nr. 1

Die Bläck Fööss jagen nicht wie manch andere Bands laute und monotone Stimmungsmusik durch die Lautsprecherboxen, sondern sie erzählen hintersinnige Geschichten mit liebevollen Porträts kölscher Typen wie der Rotlichtdame „Rita Schnell" oder dem „Huusmeister Kaczmarek". Einer ihrer schönsten Evergreens schildert die erste Liebe eines kleinen

demonstrativ zu den multikulturellen Wurzeln der Stadt und wenden sich gegen Fremdenfeindlichkeit.

Frontmann Tommy Engel stieg 1994 aus der Band aus. Sein Nachfolger als Leadsänger wurde Kafi Biermann. Tommy Engel startete anschließend eine Solokarriere, die ihn in Köln ebenfalls zur Kult-Figur machte.

Bockmayer, Walter

Walter „Wally" Bockmayer, Jahrgang 1948, hat in seinem Leben schon alles Mögliche gemacht. In jungen Jahren war der spätere Kult-Regisseur Kantinengehilfe in den USA, Krankenpfleger und schließlich Garderobier im Kölner Opernhaus. Als Film- und Theaterregisseur machte er sich seit den 1970er-Jahren einen Namen als Spezialist für verschrobenen Klamauk. So ließ er in seinem Film „Jane bleibt Jane" (1976) den Kölner Bodybuilding-Meister Karl Blömer die Rolle des Tarzan verkörpern. Die Schauspielerin Johanna König, bekannt als Werbe-Ikone „Klementine" in den Spots für ein Waschmittel, spielte in diesem Streifen die Bewohnerin eines Seniorenheims, die sich für Tarzans Geliebte Jane hält. Nicht minder schräg ist sein Kinofilm „Die Geierwally" (1987) mit Samy Orfgen in der Hauptrolle. Der Satire auf die schnulzigen Heimatfilme der 1950er-Jahre bescheinigten Kritiker eine „hemmungslose Geschmacklosigkeit". Trotz dieses Urteils wurde der Schöpfer burlesker Komödien aber ansonsten von der Fachwelt durchaus ernst genommen: Walter Bockmayer wurde immerhin zweimal mit dem Bundesfilmpreis bedacht.

Er schaffte den Sprung vom Kantinengehilfen zum Kultregisseur: Walter Bockmayer, der sich sichtlich über seinen Erfolg freut

1975 eröffnete Wally Bockmayer zusammen mit seinem Lebensgefährten Rolf Bührmann im Studentenviertel an der Zülpicher Straße das Szenelokal „Filmdose" inklusive einer kleinen Theaterbühne. Hier, auf diesen Brettern, sowie in Bockmayers frühen Filmen begann die Karriere der Komiker und TV-Moderatoren Dirk Bach, Hella von Sinnen und Ralf Morgenstern. Die damals noch völlig unbekannte Veronika Ferres spielte im „Geierwally"-Film eine Magd. Als Theaterstück wurde die „Geierwally" in der Filmdose und auf anderen Bühnen in ganz Deutschland 750-mal aufgeführt.

Heute inszeniert Bockmayer kölsche Schwänke an anderer Stätte, auf dem Hohenzollernring. Dort hatte er unter der Hausnummer 92–94 in den 1990er-Jahren das legendäre „Kaiserhof"-Theater wiederbelebt. Ein paar Häuser weiter wurde 2003 das ehemalige „Scala"-Kino zu einem Theater umgebaut, wo das Bockmayer-Ensemble heute sein Domizil hat. Im Stück „Ming Ding jebohnert" (ab 2009) wird in völlig aberwitziger Weise die Peking-Oper parodiert. Wie in vielen anderen Bockmayer-Stücken, so spielt auch hier Gigi Herr, eine Nichte von Trude Herr, die Hauptrolle. Als wortgewaltig-rabiate Helene Jöckemöller tyrannisiert sie die schrulligen Bewohner eines heruntergekommenen Mietshauses, in dem eines Tages chinesische Finanzinvestoren auftauchen … Das Stück ist eine gekonnte Mischung aus derbem Volkstheater und Musical mit aufwändigen Shownummern und einem Hauch Schwulenszene. Gerade diese Mixtur aus hintersinnigen satirischen Parodien und greller komödiantischer Klamotte, aus präzisen Tanzeinlagen und deftigem kölschen Slang ist das Geheimnis von Bockmayers Erfolgsrezept.

Aufkleber für „Die Rocky Horror Show" im Kaiserhof am Hohenzollernring

Böll, Heinrich

Zu seiner Geburtsstadt Köln pflegte Heinrich Böll (1917–1985) ein schwieriges Verhältnis: Die in der Nachkriegszeit wieder aufgebaute moderne Stadt war ihm zu laut und zu hektisch geworden. In einem Vorwort zum Bildband „Köln 5.30 Uhr" des Fotografen Chargesheimer orakelte Böll: „Die These von der Unbewohnbarkeit der Städte wird aufkommen und, wenn sie aufkommt, zutreffen." Auf die Frage, ob diese Stadt seine Heimat sei, wüsste er „keine Antwort. Sie ist die Heimat meiner Erinnerung".

Den kölschen Humor, „so berühmt wie der Dom", empfand der Schriftsteller „in seiner offiziellen Erscheinungsform" eher „Schrecken erregend". „Auf der Straße" allerdings begegnete ihm der urtümliche Humor durchaus als ein Ausdruck „von Größe und Weisheit". Auch mochte der Autor die romanischen Kirchen lieber als den Dom, der ihm zu groß geraten war.

Heinrich Böll war in der Südstadt aufgewachsen; einen Teil seiner Kindheit hatte er im Vorort Raderberg verbracht, der in den 1920er-Jahren zum Teil noch einen stark ländlich geprägten Charakter hatte. Seine „Heimat der Erinnerung" war für ihn die Stadt, wie er sie aus der Zeit vor den Kriegszerstörungen kannte, und wie er sie in der Schilderung eines Spaziergangs Ende der 1930er-Jahre beschreibt, als Zeitungsausrufer und Eismänner die Straßen belebten und auf dem Neumarkt noch ein Wochenmarkt stattfand.

Als Literat bekannt wurde er aber mit Romanen wie „Und sagte kein einziges Wort" (1953) oder „Das Brot der frühen Jahre" (1955), in denen er mit einer äußerst realistisch angelegten atmosphärischen Dichte das großstädtische Milieu der Nachkriegszeit beschreibt.

In seinem Roman „Ansichten eines Clowns" (1963) attackierte er in höchst polemischer Weise den amtskirchlichen Katholizismus mit seinen Machtansprüchen und seiner Bigotterie. 1972 wurde ihm der Nobelpreis für Literatur verliehen, und im gleichen Jahr fand in seinem Landhaus in Langenbroich eine Hausdurchsuchung statt, nachdem er im „Spiegel" den Aufsatz „Will Ulrike Meinhof freies Geleit?" veröffentlicht hatte. Konservative Kreise diffamierten ihn daraufhin als „geistigen Sympathisanten" der Roten Armee Fraktion (RAF) und ihrer terroristischen Aktivitäten. Er reagierte darauf mit seiner Erzählung „Die verlorene Ehre der Katharina Blum" (1974) als literarische Abrechnung mit der Springer-Presse.

Sein letzter Roman „Frauen vor Flusslandschaft" erschien 1985 und porträtiert die Bundeshauptstadt Bonn. Postum wurde 1992 sein erster, bereits 1949 verfasster Roman „Der Engel schwieg" veröffentlicht.

Can

Bei einem Rockkonzert in der alten „Kölner Sporthalle" war es zu schweren Krawallen gekommen und die Stadtverwaltung drohte an, dort künftig keine Bands mehr auftreten zu lassen. Das „Can Free Concert" am 3. Februar 1972 sollte beweisen, dass solch ein Konzert allerdings durchaus auch friedlich verlaufen konnte. Bei freiem Eintritt lauschten 10.000 Fans in der voll besetzten Halle andächtig den Klängen von Kenji „Damo" Suzuki (Gesang), Holger Czukay (Bass), Irmin Schmidt (Keyboard), Michael Karoli (Gitarre) und Jaki Liebezeit (Schlagzeug). Der Filmregisseur Peter Przygodda zeichnete dieses mittlerweile als legendär geltende Konzert auf.

Can galt zu jener Zeit als die deutsche Avantgarde-Band schlechthin: Czukay und Schmidt hatten an der Kölner Musikhochschule bei Karl-Heinz Stockhausen studiert. Jaki Liebezeit kam vom Free Jazz. Ihr erstes Konzert im Jahr 1968 bestand aus einer Collage mit Rockmusik und Tonbandeinspielungen. Die Gruppe trat mit dem Ehrgeiz an, „Weltmusik" und alle denkbaren Geräusche in ihre Musik aufzunehmen. Die Kritik reagierte auf die neuartigen Klänge begeistert. So bezeichnete der britische „Melody Maker" die Band als die „talentierteste und konsequenteste Experimental-Rockgruppe in Europa".

Einer der Schwerpunkte lag auf Filmmusik. Mit „Spoon" als Titelthema für den Francis-Durbridge-Krimi „Das Messer" (1971) wurde Can erstmals in den Charts notiert. Für die Aufnahme setzten die Musiker eine frühe Version der Drum Machine ein. Mit ihren Alben „Tago Mago" (1971) und „Ege Bamyasi" (1972) schafften sie den internationalen Durchbruch. Zu ihren Klassikern zählt ebenso die musikalische Vertonung der „Tatort"-Folge „Tote Taube in der Beethovenstraße" (1973) mit Sam Fuller als Regisseur. Die Single „I Want More" avancierte 1976 zum Diskotheken-Hit.

Can gelten als Wegbereiter der elektronischen Musik in den 1970er- und 1980er-Jahren. Holger Czukay entdeckte bei den Aufnahmen zu seinem ersten Soloalbum 1979 das Kurzwellenradio für sich als neues Instrument.

Die Single „I Want More" avancierte 1976 zum Diskotheken-Hit.

1977/78 löste sich die ursprüngliche Formation auf. Jene Besetzung, die 1969 das erste Album „Monster Movie" aufgenommen hatte, traf allerdings 1986 noch einmal zusammen, um das Album „Rite" und das Stück „Last Night Sleep" für den Wim-Wenders-Film „Bis ans Ende der Welt" einzuspielen. Als Gruppe arbeitete Can letztmalig 1999 im Studio zusammen. 2003 erhielt die Band für ihr musikalisches Gesamtwerk den „Echo", der als höchste Auszeichnung der deutschen Musikindustrie gilt.

Einer der Pioniere der elektronischen Musik, Holger Czukay, Mitglied der Gruppe Can, in seinem Studio

Deutz AG

1862 entwickelte Nikolaus Otto einen Verbrennungsmotor, dessen Prinzip er sich 1876 patentieren ließ. Zusammen mit Eugen Langen gründete er 1864 in der Kölner Altstadt die N.A. Otto & Cie. Das war die erste Motorenfabrik der Welt. Sie hatte jedoch in dem eng bebauten Köln zu wenig Platz und zog daher 1869 auf die andere Rheinseite nach Deutz um. Mitarbeiter der ersten Stunde waren u.a. Gottlieb Daimler und Wilhelm Maybach, die später die Firma allerdings wieder verließen und sich als Autobauer in eigener Regie einen Namen machten.

1903 verließ das weltweit erste Feuerwehrauto mit einem Verbrennungsmotor die Werkshalle.

Die „Gasmotoren Fabrik Deutz AG", wie das Werk ab 1872 hieß, begleitete in ökonomischer und technischer Hinsicht wie kaum ein anderes Unternehmen jener Jahre Kölns Anschluss an die goldene Epoche des Industriezeitalters. Es wurden nämlich nicht nur Otto-Motoren produziert, sondern ab 1892 auch Lokomotiven; 1903 verließ das weltweit erste Feuerwehrauto mit einem Verbrennungsmotor die Werkshalle.

Der „Deutzer Trekker" wurde während des Ersten Weltkriegs zunächst als Artillerie-Zugmaschine entwickelt. Daraus ergab sich schließlich 1927 die Serienproduktion von Traktoren mit Dieselmotor und 1936 ebenso von Kleintraktoren. 1938 wurde das Unternehmen durch Zusammenschluss mehrerer Firmen in „Klöckner Humboldt Deutz" (KHD) umbenannt. Die Traktoren werden heute von der „Deutz Fahr"-Gruppe montiert, die aber in den 1990er-Jahren sowohl die Produktion als auch das Ersatzteillager von Köln nach Lauingen verlegte.

In der Nachkriegszeit prägten vor allem luftgekühlte Dieselmotoren als Markenzeichen die Identität von KHD. Diese Motoren kamen bei den Lastwagen und Bussen der KHD-Marke „Magirus Deutz" zum Einsatz. „Magirus Deutz" war in den 1960er-Jahren sogar der weltweit größte Nutzfahrzeugproduzent und erwirtschaftete um 1970 rund 40 Prozent des Konzernumsatzes von KHD.

Doch seit den 1970er-Jahren führten schließlich technische und ökonomische Veränderungen zu einem Wandel in der Konzernstruktur. 1970

stellte man den Bau von Lokomotiven ein, und die LKW- und Busproduktion ging schließlich vollständig im internationalen Iveco-Konzern auf. Seit 1997 trägt KHD wieder den früheren Firmennamen „Deutz AG“. Das Unternehmen hat heute ca. 5000 Mitarbeiter und 22 Tochtergesellschaften. Die Globalisierung der Ökonomie hat natürlich auch längst das Kölner Traditionsunternehmen erreicht. So bildet u. a. seit 2006 ein Joint Venture mit einem LKW-Produzenten in China ein wichtiges wirtschaftliches Standbein für die heutige Deutz AG.

Ettore Bugatti, 1907-09 Leiter der Automobilabteilung der Gasmotoren-Fabrik Deutz AG, in einem Deutz 'Prinz Heinrich' Typ 9C bei der Prinz-Heinrich-Fahrt 1909

Dom

Als vor einigen Jahren die Kölner Messegesellschaft in ihrem Logo den Dom durch sieben grüne Punkte ersetzte, weil sie glaubte, das sei für internationale Geschäfte verständlicher und neutraler, rief das bei vielen Kölnern nur Kopfschütteln hervor. Schließlich ist die Kathedrale das Kölner Wahrzeichen schlechthin; unzählige Firmen und Vereine führen einen grafischen Umriss der gotischen Türme in ihrem Emblem. Das 157 Meter hohe Bauwerk versinnbildlicht „Heimat" und „Identität" – unbeschreiblich die Gefühle, wenn der Kölner nach einer längeren Reise zurückkehrt und schon vom Autobahnring aus endlich wieder „seine" Domspitzen sieht.

Prägnante Silhouetten vor dramatischem Abendhimmel: Die Türme von Groß St. Martin und dem Dom

Hüter der optischen Sonderstellung im Stadtbild ist die UNESCO, die schon mal androhte, der Kathedrale den Titel „Weltkulturerbe" wieder zu entziehen, als man den Bau von Hochhäusern plante, die den freien Blick auf den Dom beeinträchtigt hätten.

Bereits im Hochmittelalter war der Pilgertourismus ein höchst bedeutender Wirtschaftsfaktor. Der Erzbischof Rainald von Dassel bescherte dem Wallfahrtszentrum dann zusätzlich noch eine ganz besondere Attraktion, als er 1164 die Gebeine der Heiligen Drei Könige nach Köln holte. Man beauftragte den Goldschmied Nikolaus von Verdun, für die Reliquien einen kostbaren Schrein zu schaffen, und für diesen prunkvollen Sarkophag benötigte man ein ebenso prächtiges neues gotisches Gotteshaus. 1248 erfolgte die Grundsteinlegung. 1530 mussten die Bauarbeiten aus Geldmangel allerdings eingestellt werden. Erst 1842 kümmerte man sich erneut um den Weiterbau. Die Kosten teilten sich der preußische Staat, der im Dom nunmehr ein nationales Symbol sah, und der Zentral-Dombau-Verein mit seinen Einnahmen aus Spenden und Lotterien. Bei seiner Einweihung 1880 war der Kölner Dom das höchste Kirchengebäude der Welt.

Mehr als die Beseitigung der Kriegsschäden – vierzehn Fliegerbomben trafen den Dom – machten den Dombaumeistern in den letzten Jahrzehnten schädliche Umwelteinflüsse und die Witterung zu schaffen. Der Chor zum Beispiel enthält schon seit 1940 keinen einzigen mittelalterlichen Originalstein mehr.

Hausherr im Dom ist übrigens nicht der Erzbischof, sondern das Domkapitel. Dieses setzte 2007 gegen den Willen von Joachim Kardinal Meisner durch, dass der Künstler Gerhard Richter 2007 an der Südfassade ein Glasfenster abstrakt-modern gestalten durfte.

Über den Streit machte im Karneval der Büttenredner Willibert Pauels, im Hauptberuf katholischer Diakon, den Witz: „Wenn der Kardinal in Pension geht, freut sich der Gerhard Richter. Dann ist der Meisner nämlich weg vom Fenster."

Von hinten fast noch imposanter als von vorn: der Dom vom Rheinufer aus gesehen

Eau de Cologne – Kölnisch Wasser

1709 eröffnete Johann Baptist Farina an der Ecke Große Budengasse/Unter Goldschmied ein Geschäft für französische Luxusartikel. 1714 trat auch sein Bruder Johann Maria Farina in das Unternehmen ein. Er war Parfumeur und komponierte ein eigenes Duftwasser, das an einen „italienischen Frühlingsmorgen, an Bergnarzissen und Orangenblüten kurz nach dem Regen" erinnerte. Köln war damals eine ziemlich schmutzige Stadt und man kann vermuten, dass der Bruder mit einiger Wehmut an die Gerüche in seiner italienischen Heimat zurückdachte, aus der er Kenntnisse in der Kunst des Destillierens nach Köln mitbrachte.

In Ehrenfeld saß für viele Jahre die Verwaltung der Fa. 4711

Farinas Destillat aus Alkohol und Blütenölen avancierte rasch zu einem begehrten Artikel in den gehobenen Kreisen: So ließen sich u. a. der preußische Soldatenkönig Friedrich Wilhelm und der Kölner Kurfürst Clemens August regelmäßig „Eau de Cologne" an ihren Hof liefern.

Das Farina-Archiv im Rheinisch-Westfälischen Wirtschaftsarchiv enthält einen Notariatsvertrag, 1804 habe Wilhelm Mülhens von einem „Pseudo Farina" eine Namenslizenz erworben. In einer anderen Überlieferung ist davon die Rede, Mülhens habe bereits 1792 von einem Mönch namens Franz Carl Georg Farina das Geheimrezept als Hochzeitsgeschenk überreicht bekommen.

Fakt ist: Im 19. Jahrhundert gab es immer wieder juristische Probleme wegen der Namensrechte. In Paris hatte ein Verwandter der Farinas 1806 ebenfalls eine eigene Parfumproduktion gegründet. Diese ging 1862 in den Besitz von Roger & Gallet über, die 1880 vor Gericht dann endgültig durchsetzten, dass die Familie Mülhens den Namen „Farina" nicht mehr benutzen durfte. Mülhens nahm daraufhin den Firmennamen „4711" an. Das war die Hausnummer seines Stammhauses in der Glockengasse, die der Adresse 1794 zugeteilt worden

war, als ein französischer Besatzungsgeneral alle Gebäude durchnummerieren ließ.

Farinas Essenz galt ursprünglich als Wunderwasser, das gegen Kopfschmerzen, Herzrasen und sogar gegen die Pest helfen sollte. Als Napoleon 1810 auf einer Offenlegung aller Arzneirezepturen bestand, bewahrte Mülhens das Geheimnis, indem er die Mixtur als Duftwasser zu Erfrischungszwecken deklarierte. 1820 entwarf der Destillateur Peter Molanus einen sechseckigen Flakon, der Lagerung und Transport der empfindlichen Essenz enorm erleichterte, und der noch heute für die Abfüllung verwendet wird. Seit dem Ersten Weltkrieg bleibt „Kölnisch Wasser" nicht ausschließlich der feinen Gesellschaft vorbehalten. Ferdinand Mülhens wandte sich an neue Käuferschichten und machte den belebenden Duft zu einem weltweiten Exportschlager.

Noch immer sehenswert: das Stammhaus von 4711 in der Glockengasse

Express

Ob es in Strömen regnet oder die Stadt unter der schwülen Sommerhitze stöhnt: Zu allen Jahreszeiten beginnen am frühen Abend die Handverkäufer in den knallroten Jacken ihre Tour durch Brauhäuser und Szenetreffs. Dann kommt der „Express" druckfrisch auf den Biertisch. Die Gäste beugen sich über die „schnelle Zeitung vom Rhein" und erfahren brandaktuell, welch launischer FC-Spieler am Nachmittag zu spät zum Training kam oder welch burleske Klüngel-Posse sich die Politiker im Rathaus soeben mal wieder geleistet haben.

Hat immer noch nicht ausgedient: der gute alte Zeitungskasten

1964 brachte die Verlagsgruppe M. DuMont Schauberg (MDS) ihre Boulevardzeitung zum ersten Mal auf den Markt. Sie wurde rasch zum Leib- und Magenblatt der Berufspendler morgens in der U-Bahn. 2009 lag die Verkaufsauflage bei 198.000 Exemplaren täglich.

Dass der „Express" im Rheinland mit seinen Auflagenzahlen die konkurrierende BILD-Zeitung hinter sich lassen konnte, hat einen einfachen Grund: Die Leser spüren, dass die „Express"-Reporter mit ihrer Stadt verwurzelt sind. Sie produzieren eine Zeitung aus der Region und für die Region, und das kommt bei den Lesern an. Der Kölner will ja nicht in erster Linie wissen, wo man in New York am besten shoppen kann, sondern er erwartet viel eher, dass die Reporter für ihn den Glühwein auf den Kölner Weihnachtsmärkten testen und den Autofahrern unter den Lesern darüber berichten, ob irgendwo neue Radarfallen aufgestellt worden sind.

Zudem bedient die redaktionelle Tendenz zu Toleranz und Weltoffenheit die Wünsche des kölschen Leserpublikums nach Selbstvergewisserung. Eine solche Ausrichtung entspricht auch der rheinisch-liberalen Tradition des Verlagshauses, das nun schon in der siebten Generation in Familienbesitz ist und seit

1802 mit der „Kölnischen Zeitung" und später mit dem „Kölner Stadt-Anzeiger" die domstädtische Zeitungslandschaft prägt.

Inzwischen zählt MDS zu den größten deutschen Zeitungsverlagen. Zu der Mediengruppe gehören heute zahlreiche Beteiligungen an Anzeigenblättern, Rundfunksendern und Online-Unternehmen, die „Kölnische Rundschau", die Stadtzeitung „Kölner Illustrierte" und in Halle/Saale die „Mitteldeutsche Zeitung". Den Zeichen der Zeit entsprechend operiert MDS in unseren Tagen auch international, und zwar mit einer 25prozentigen Beteiligung an der israelischen Zeitungsgruppe „Ha'aretz". Von der britischen Mecom-Gruppe übernahm MDS 2009 deren Anteile am „Berliner Kurier", der „Berliner Zeitung" und der „Hamburger Morgenpost".

Mit 80 Jahren immer noch aktiv: Alfred Neven DuMont, unter anderem auch Herausgeber des Express

Flönz

„Flönz" heißt die Blootwoosch auf Kölsch

„Sag ens Blootwoosch", fordert der Kölner sein Gegenüber auf, wenn er testen will, ob der andere genau wie er selbst ein waschechter, hier geborener Einwohner ist. Denn nur wer den Dialekt von Kindesbeinen an gelernt hat, der kann das doppelte Dehnungs-O in genau der richtigen Länge artikulieren. Die richtige Antwort auf diese Fopperei lautet aber: „Flönz". So heißt die typische Kölner Blutwurst. Sie galt – wie überall – früher als billige Wurst für die einfachen Leute. „Blunz" oder „Blunzen" sagt man in Hessen und Österreich dazu.

Als nach dem Zweiten Weltkrieg ab 1949 wieder Karneval gefeiert werden durfte und man die schlimmen Hungerjahre noch in Erinnerung hatte, bekamen die Büttenredner manchmal als Gage einen Kranz Flönz überreicht. Noch heute parodiert man dies bei der Puppensitzung des Hänneschen-Theaters mit der Verleihung eines Karnevalsordens in Form einer Blutwurst.

Ein Reporter des „Kölner Stadt-Anzeigers" durfte einmal in eine Wurstküche hineinschauen und berichtete, wie dieser kölsche kulinarische Genuss hergestellt wird: Für die Wurstmasse verwenden die lokalen Metzger ausgekochte Schweineköpfe, außerdem kurz abgebrühten Speck und leicht gepökeltes Schweinefleisch vom Nacken, Bauch und Hämchen. 40 Kilogramm dieser durch den Wolf gedrehten Fleischmasse vermengen sie mit 10 Litern schlachtfrischem Schweineblut; hinzukommen Salz, Kardamon, Thymian, Majoran und Pfeffer. Das Ganze wird in Schweinedärme abgefüllt und in der Schlachtbrühe gekocht. Wenn die „Flönz"-Ringe anschließend einen Tag lang geräuchert werden, haben sie die typische rotbraune Farbe und den einmaligen Geschmack. In anderen deutschen Gegenden kommt zusätzlich noch Rinderblut hinzu oder die Würste werden länger geräuchert und bekommen so eine dunklere Farbe. Alle zwei Jahre ruft die Kölner

Fleischerinnung zum Wettbewerb um den „Flönz-Cup" für die beste Blutwurst auf.

Im Brauhaus serviert man ein Stück kalte Blutwurst zusammen mit Zwiebelringen und einem „Röggelchen" (Roggenbrötchen) mit Butter als „Kölscher Kaviar".

Gekocht und warm aufgetragen ist Flönz Bestandteil des Traditionsgerichts „Himmel un Ääd" (Himmel und Erde) mit Äpfeln (vom Himmel) und Kartoffelpüree (Erdäpfeln), garniert mit kross gebratenen Zwiebeln. Wer dieses deftige Gericht nach alter Sitte zubereiten will, der nimmt natürlich kein fertiges Apfelmus, sondern lässt klein geschnittene Apfelstücke zusammen mit den Kartoffeln zerkochen oder in der Pfanne zerdünsten und mischt sie dann unter das Kartoffelpüree.

Es gehört übrigens zu den generellen Eigenarten der rheinischen Küche, dass man Kartoffeln und andere Zutaten, ob nun Äpfel, Möhren oder „Schnibbelsbunne" (sauer vergorene grüne Schnittbohnen), untereinander verrührt.

Zum Traditionsgerichte „Himmel un Ääd" gehört immer auch ein Stück Flönz

Frings, Josef Kardinal

Josef Kardinal Frings als Bronzeskulptur ...

„Wir leben in Zeiten, wo in der Not auch der Einzelne das wird nehmen dürfen, was er zur Erhaltung seiner Gesundheit notwendig hat, wenn er es auf andere Weise, durch seine Arbeit und durch Bitten, nicht erlangen kann ...“ Diese Worte in der Silvesterpredigt 1946 von Josef Kardinal Frings (1887–1978) interpretierten die hungernden und frierenden Kölner als erzbischöfliche Erlaubnis zum Kohlenklau. „Fringsen“ nannten sie fortan die Beschaffung von lebensnotwendigen Gütern. Der Kardinal hatte zwar auch noch gemahnt, wo „in vielen Fällen weit darüber hinaus gegangen“ worden sei, müsse „unrechtes Gut“ zurückgegeben werden, doch diesen Teil der Predigt ihres Oberhirten überhörten seine Schäfchen geflissentlich.

Ihm war „nichts Menschliches fremd“, wie er selbst einmal von sich behauptete. Als Rheinländer wusste der gebürtige Neusser: „Wenn die Apostel Petrus und Paulus nach Köln kämen und predigten, dürften sie das nicht zu Karneval machen. Dann würden se nix erreichen.“ 1971 durften Kinder ihn für eine Sendung des WDR interviewen. Sie stellten ihm die Frage, was er früher in der Schule am liebsten getan hätte. Frings antwortete verschmitzt: „gefaulenzt“. Die Kölner verehrten ihn gerade wegen dieses der Welt zugewandten Humors und seines Verständnisses für die menschlichen Schwächen. Sie hatten immer das Gefühl: Der volksnahe Kardinal war einer von ihnen. An diesen Eigenschaften musste sich bisher noch jeder seiner Nachfolger messen lassen, erst recht der amtierende Erzbischof, der in vielen Fragen für eine recht strenge Haltung bekannte Joachim Kardinal Meisner.

Über Kardinal Frings sind zahlreiche Anekdoten verbürgt. Als er einmal eine Messe für die

Bruderschaft der Bierbrauer hielt, schloss er mit den Worten: „Was ist der Unterschied zwischen einer Brücke und einem Glas Kölsch? Über en Brück jeht alles, über en Jlas Kölsch jeht nix." Eine Veranstaltung zur Ehrung von Senioren fand ausgerechnet am 11.11. statt, jenem Tag, an dem die Karnevalssession beginnt. Nachdem der Präsident des Komitees eine sehr fromme Rede gehalten hatte, war Frings an der Reihe, und der Kardinal meinte, am 11. November könne „man doch nicht stur zusammensitzen": Zur großen Freude der Anwesenden trug der Geistliche dann ein Lied von Willy Millowitsch vor.

Josef Kardinal Frings ist in der langen Geschichte der Stadt der einzige Erzbischof, dem die Kölner jemals die Ehrenbürgerwürde verliehen haben. Ein Teil der Kölner Eintrachtstraße heißt heute Kardinal-Frings-Straße, und 2006 wurde die Südbrücke zwischen Neuss und Düsseldorf in „Joseph-Kardinal-Frings-Brücke" umbenannt.

... und leibhaftig bei einer Messe im Freien anlässlich des 72. Deutschen Katholikentags Anfang September 1948 in Mainz

Geißbock Hennes & 1. FC Köln

Das offizielle Logo des FC Köln

Bei jedem Heimspiel des 1. FC Köln grast Geißbock „Hennes" am Spielfeldrand. Als der Fußballclub seine Karnevalssitzung 1950 im Zelt des Zirkus Williams abhielt, überreichte die Zirkusdirektorin Carola Williams dem Spielertrainer Hennes Weisweiler das erste lebende Maskottchen. Der völlig aufgeregte kleine Ziegenbock urinierte dem Trainer aufs Hemd und wurde „Hennes" getauft. Mittlerweile verbringt schon der achte Hennes die Zeit zwischen den Spielen auf dem Widdersdorfer Bauernhof der Familie Schäfer. Sein Bild ziert das Vereinswappen und ist auch sonst ein zentrales Motiv in der Marketingstrategie des Vereins, denn gerade „Hennes" ist ein unverwechselbarer positiver Identitätsfaktor für den Club und seine treuen Anhänger. Die Fans stehen so bedingungslos zu ihrer Mannschaft, wie man das sonst in Deutschland nur noch „auf Schalke" oder beim Hamburger Kult-Club FC St. Pauli erlebt. Auch wenn die Truppe objektiv schlecht spielt und so manchen Ball verstolpert: Das Stadion in Müngersdorf war in den letzten Jahren selbst dann ausverkauft, wenn der FC gegen unattraktive Zweitliga-Teams antreten musste. Was – wie so oft in Köln – Verklärung auslöst und zum Kult-Status führt, ist die glorreiche Vergangenheit. Als 1963 die Fußball-Bundesliga eingeführt wurde, war der 1. FC Köln der einzige Verein, der dank seines weitsichtigen Präsidenten Franz Kremer eine echte Profi-Mannschaft und ein hochmodernes Vereinsheim hatte. Kremers Vereinspolitik, den FC auf solide wirtschaftliche Füße zu stellen, zahlte sich aus: Der Geißbock-Club wurde 1962 und 1964 Deutscher Meister und 1968 Pokalsieger. Mit Trainer Weisweiler gelang dem FC 1978 das Double Meisterschaft/Pokalsieg;

doch nach einem weiteren Pokalgewinn 1983 (1:0 gegen den Lokalrivalen SC Fortuna Köln) ging es nach und nach sportlich bergab.
Absoluter Tiefpunkt in der Vereinsgeschichte war ausgerechnet zum 50-jährigen Club-Jubiläum 1998 der erste Abstieg in die Zweite Liga: Hennes VII. hatte der Mannschaft kein Glück ge-

Man hat ihm sogar ein Denkmal gesetzt: Geißbock Hennes I

bracht und musste bis 2006 noch weitere Abstiegsdramen erleben. Das Tier wurde 2009 eingeschläfert – krankheitsbedingt. Mit dem Nachfolger Hennes VIII. verbinden sich die Hoffnungen, dass die „launische Diva vom Rhein" (Express) sich bald wieder für „das Real Madrid des Westens" halten könne, wie zu den Zeiten der Nationalspieler Hans Schäfer (Weltmeister 1954) und Wolfgang Overath (Weltmeister 1974).
Hat der FC nämlich unverhofft zweimal hintereinander gewonnen, wird der Trainer von den Fans heiliggesprochen und die kölsche Seele wähnt sich wieder in der Champions League. Der Karnevalist Wicky Junggeburth drückt diese Neigung in einer Liedzeile aus: „Liverpool, Real Madrid, mer halde met!"

Gerhard, Tom

1988 wurde im Kölner „ATELIER-THEATER" die erste Vorstellung von „Dackel mit Sekt" geboten. So hieß das kabarettistische Soloprogramm mit Tom Gerhard in der Rolle eines spießigen Hausmeisters mit Cordhütchen und grauem Kittel. Dieser Hausmeister namens Dieter Krause verkündete in eingekölschtem Hochdeutsch seine erschreckend krude Weltsicht. In seiner Freizeit widmete er sich der Dackelzucht. Die Premierengäste im „ATELIER-THEATER" bekamen zur Begrüßung ein Glas Sekt gereicht, daher der Titel.

Hausmeister Krause wie er leibt und lebt

In einer zweiten Rolle spielte Tom Gerhard von Anfang an bei den Bühnenshows auch den pubertierenden Sohn Tommy mit Pudelmütze und Lederweste, wie er als typisierte Loser-Figur im Unterschichten-Slang („Boh, eh, super, eh") die Handlung von Actionfilmen erzählt. Der Bühnenregisseur Joachim Lang hatte den Einfall, Tommy Krause mit einem Auspuff unter dem Arm auftreten zu lassen.

Jürgen von der Lippe bot Tom Gerhard die Möglichkeit eines Fernsehauftritts; dadurch wurde er mit seiner Proll-Nummer über Nacht zum Kult-Star. Bernd Eichinger produzierte 1994 den ersten Kino-Film „Voll normaaal!". Die Handlung dreht sich um den Hausmeistersohn Tommy, der in allerlei Turbulenzen gerät, als er für seine Auspuffsammlung ausgerechnet einem Zuhälter den Auspuff von dessen Protz-Auto klaut. Im nächsten Streifen „Ballermann 6" (1997) machen sich Tommy und sein Kumpel Mario in die Amüsierhölle von Mallorca auf. Ein dritter Film über die beiden Antihelden Tommy und Mario aus Köln-Kalk kommt 2010 in die Kinos. Der Sender „SAT 1" produzierte zwischen 1999 und 2008 die Serie „Hausmeister Krause

– Ordnung muss sein". In den 72 Folgen spielt Tom Gerhard nur den Vater Dieter Krause. Die Rolle des einfältigen Sohnes Tommy hat für diese TV-Reihe der Schauspieler Axel Stein übernommen. Janine Kunze verkörpert die stets aufreizend gekleidete und etwas naive Tochter Carmen. Irene Schwartz tritt als die betuliche und frustrierte Gattin Lisbeth Krause im Hausfrauenkittel auf. Im Stile klassischer Boulevard- und Verwechslungskomödien tobt sich der Hausmeister in den einzelnen Folgen als bösartiger Ordnungsfanatiker aus, der sich selbst immer wieder in höchst peinliche Schwierigkeiten bringt.

Auch die TV-Serie erreichte bei den Fans einen Kult-Status. Trotz aller komödiantischen Übertreibungen und der stilisierten sozialen Klischees kann das Publikum die Figuren aber durchaus auf die eigene Lebenswelt projizieren, denn jeder Zuschauer hat sicherlich schon mal solch einen faschistoiden Hauswart erlebt.

... und sein Darsteller Tom Gerhard bei einer Charityaktion im Kölner Hotel

Hänneschen-Theater

In Köln kursiert das geflügelte Wort, wer mal eine richtige Posse erleben wolle, der müsse entweder einer öffentlichen Sitzung im Rathaus beiwohnen oder einer Aufführung des „Hänneschen-Theaters", offizieller Name: „Puppenspiele der Stadt Köln". Das ist Deutschlands einzige Stockpuppenbühne: Während die Drähte der Marionetten von oben bedient werden, halten hier die Spieler die Puppen an Stöcken und bewegen sie von unten innerhalb der Kulissen. Gesprochen wird nur kölsch. Begründer dieses Puppentheaters ist Johann Christoph Winters, der 1802 als Arbeitsloser den Bürgermeister um Erlaubnis bat, „ein sogenenntes Krippenspiel für kleine Kinder anzustellen, da wegen Abgang anderen Verdienstes hiermit auf eine redliche Art sein Brot zu gewinnen sucht". Winters betonte in seinen Eingaben an die Obrigkeit auch, er sei in seinem Theater „um unartige Anständt besorget", doch im Laufe der Zeit erfuhr sein Krippenspiel eine gründliche inhaltliche Wandlung. 1823 zog bereits das noch heute übliche Figurensemble im Rosenmontagszug mit. Das sind die Bewohner des fiktiven Ortes „Knollendorf". Die Handlungen der Stücke waren mittlerweile derbe Schwänke: Zielscheibe des Spotts ist damals wie heute regelmäßig der preußische Schutzmann Schnäutzerkowsky. Er ist in den Stücken die einzige Figur, die nicht kölsch spricht, sondern Berliner Dialekt.

Die „Stars" des Theaters: Hänneschen und Bärbelchen

Hauptfigur und „Held" der Handlungen ist ein aufrechter Jüngling namens Hänneschen. Neben ihm ist mit seinen burlesken und deftigen Witzen der bucklige und stotternde Speimanes (spuckender Hermann) einer der Publikumslieblinge. Bärbelchen ist die Dauerverlobte von Hänneschen. Der gemütliche Wirt der Dorfkneipe heißt Mählwurms Pitter (Peter Mehlwurm). Weitere Figuren sind die Großeltern Besteva und Bestemo, alsdann eine stets zankende und keifende ältere Frau namens Zänkmanns Kätt (Käthe Zankmann), schließlich stellungen mit Inszenierungen für Erwachsene enthalten immer wieder pointierte Seitenhiebe auf das aktuelle Stadtgeschehen, und in den Kurzauftritten von „Gastfiguren" werden

Das Ensemble des Hänneschen-Theaters hat sich auf der Bühne versammelt

der arbeitsscheue und versoffene Tünnes sowie der Schäl, der immer wieder versucht, mit seinen krummen Touren die redlichen Dorfbewohner übers Ohr zu hauen.

An den Nachmittagen stehen Kindervorstellungen auf dem Programm. Die Abendvor- Prominente karikiert. Herrliche Persiflagen bietet vor allem die „Puppensitzung" an Karneval. An Eintrittskarten für die Premiere zu kommen, ist für Außenstehende allerdings unmöglich: „Die Karten werden vererbt", so heißt es inoffiziell.

Haie, Die

Wenn in Köln-Deutz in der „LANXESS arena" die Eishockey-Teams der Kölner „Haie" und der Düsseldorfer DEG Metro Stars aufeinandertreffen, herrscht Hochspannung auf den Rängen. „Altbier macht blöd", rufen die Kölner Fans zu den Düsseldorfern hinüber. Obwohl die größten sportlichen Erfolge beider Vereine schon etwas länger zurückliegen – für die Fans in der Region ist dieses rheinische Derby auch heute noch ein Spitzenspiel in der Deutschen Eishockey Liga. Da werden nämlich in beiden Lagern Erinnerungen an die wilden Play-Off-Runden Ende der 1980er- und in den frühen 1990er-Jahren wach. Danach kam es erst zehn Jahre später in der Saison 2005/2006 wieder zu einer Play-Off-Begegnung zwischen den beiden rheinischen Rivalen. Im Halbfinale schieden die Haie aus, als sie das entscheidende Spiel 3:5 verloren.

Haie-Coach Bill Stewart ist enttäuscht und nachdenklich nach dem Spiel gegen die DEG Metro Stars im März 2010

1972 spalteten sich die Haie vom Kölner Eis Klub KEK ab, stiegen ein Jahr später in die höchste deutsche Liga auf und wurden seitdem achtmal Deutscher Meister. Die Profi-Mannschaft heißt offiziell „Die Haie mbH". Die Nachwuchs- und Amateurabteilung firmiert unter dem Namen „KEC Die Haie e.V.". Den Namenszusatz „Die Haie" musste der KEC beim Eintrag ins Vereinsregister annehmen, um eine Verwechslung mit dem KEK zu vermeiden, bei dem andere Eissportarten gefördert werden.

Das Emblem mit dem Hai-Logo entwarf übrigens der damalige Torwart und Künstler Dieter Horký, der heute im Vorstand des Berufsverbandes Bildender Künstler wirkt und zu den Urgesteinen der Kölner Kunstszene gehört. Auch das ist typisch für Köln: Die einzelnen „Szenen" vermischen sich recht unbefangen, denn der Kölner kennt keine Berührungsängste.

Der schillernste Präsident, den die Haie je hatten, war sicherlich Dr. Jochem Erlemann, in dessen Amtszeit (1976–1979) der erste Meistertitel 1977 fiel. Erlemann wurde von der Boulevardpresse als „Spezialitätendoktor" und „Finanzjongleur" apostrophiert und später wegen Anlagenbetrugs verurteilt. Als der Sportsfreund 2009 im Alter von 70 Jahren starb, überlieferte die Presse Erlemanns letzte Worte: Es sei schade, dass er jetzt nicht mehr die Rückkehr des Fußballspielers Lukas Podolski zum 1. FC Köln erlebe.

Ob's am niedlichen Maskottchen liegt, dass die Haie keinen Biss mehr haben?

In all den Jahren wurde den Haie-Fans immer wieder eine finanzielle und sportliche Achterbahnfahrt zugemutet. Schon zu Erlemanns Zeiten ging es finanziell turbulent zu, als der Verein mit Steuernachzahlungen und Schulden Verbindlichkeiten in Höhe von mehr als zwei Millionen Mark hatte. In die aktuellen Saison 2009/2010 mussten die Haie mit einem Etat gehen, den der Schatzmeister notgedrungen um eine Million Euro abgespeckt hatte.

Halve Hahn

Dass in Köln „'ne halve Hahn" kein halbes Hähnchen ist, weiß man inzwischen auch in Wien oder Hamburg, aber unbedarfte Touristen kann man in den Brauhäusern damit immer noch foppen. Wann und wie der „Halve Hahn" in die rheinische Gastronomie Einzug hielt, ist bis heute umstritten. Es gibt gut ein halbes Dutzend verschiedene Erklärungen. Prof. Adam Wrede führt in seinem Standardwerk „Neuer kölscher Sprachschatz" (1958) diesen Imbiss auf die „humorvolle Täuschung" eines „Grielächers" (Spaßmachers) zurück, der eine Gesellschaft zum Essen eingeladen hatte, ihnen statt der versprochenen halben Brathähnchen aber dann ein Roggenbrötchen mit einer Scheibe Käse auftischen ließ.

Und in Köln gilt nun mal seit Wilhelm Vierkötters Juxidee die Verkehrssitte, dass ein Halver Hahn kein halbes Hähnchen ist.

Als besagter Scherzbold outete sich in einem Leserbrief an die Lokalpresse im Jahre 1913 ein gewisser Wilhelm Vierkötter. Er behauptete, 1877 oder 1878 bei der Bewirtung seiner Geburtstagsgäste im Brauhaus Lölgen (existiert heute nicht mehr) den Halven Hahn erfunden zu haben.

Prof. Klaus-Peter Berger, der an der Kölner Universität Jura lehrt, hat für seine Studenten sogar einen Lehrfilm über diese scherzhafte Täuschung gedreht: Darf ein Gast die Bezahlung verweigern, wenn er im Glauben, er habe als Halven Hahn ein knusprig gebratenes halbes Hähnchen bestellt, lediglich ein „Röggelchen" mit einer Scheibe mittelaltem Holländer Käse (meistens Gouda) und Butter gereicht bekommt? Das darf er nicht, meint der Juraprofessor: Bei Nichtbezahlung der vermeintlichen Falschbestellung wäre der Gast dem Wirt sogar zu Schadenersatz verpflichtet, weil der Kneipier bei Zurückweisung der Speise diese ja nicht ein zweites Mal verkaufen könne. Nach Paragraf 157 BGB müsse nämlich bei der Auslegung von Verträgen auf die „Verkehrssitten" Rücksicht genommen werden. Und in Köln gilt nun mal seit Wilhelm Vierkötters Juxidee die Verkehrssitte, dass ein Halver Hahn kein halbes Hähnchen ist.

Zumindest darüber besteht halbwegs Einigkeit. Wie dick allerdings die Scheibe mittelalter Gouda sein sollte, ob auch Zwiebelringe oder eine eingelegte Gurkenscheibe dazugehören, oder lieber nicht, darüber lässt sich unter Gastro-Traditionalisten weiter trefflich streiten. Sicher ist nur: Man bestreicht normalerweise vor dem Verzehr den Käse dick mit Senf. Wer allerdings von Köln nach Düsseldorf weiterreist und auch dort nach einem Halven Hahn verlangt, der wird sich erneut wundern: 40 Kilometer weiter nördlich richtet man in der NRW-Landeshauptstadt diese rheinische Imbiss-Spezialität mit Mainzer Käse an, genauso verfährt man im bergischen Wuppertal.

Beim Anblick dieses „Halven Hahns" wird manchem Gast wohl zunächst mal die Kinnlade herunterfallen

Heinzelmännchen

„Wie war zu Köln es doch vordem, mit Heinzelmännchen so bequem ...", dichtete der Schlesier August Kopisch (1799–1853) im Jahre 1836. Eigentlich war sein Gedicht wohl als leise ironische Kritik aus preußischer Sicht an der Neigung der Kölner gedacht, faul und unbekümmert in den Tag hinein zu leben. Die Redensart „Küss de hück nit, küss de morjen" (Kommst du heut' nicht, dann kommst du morgen) beschreibt ja auch in unserer Gegenwart noch treffend die sprichwörtliche Lässigkeit und Unpünktlichkeit kölscher Handwerker.

In der Heinzelmännchen-Sage, die übrigens bereits ein Jahrzehnt vor Kopischs Versen der Kölner Schriftsteller Ernst Weyden 1826 als Prosamärchen veröffentlichte, vertrödeln und verschlafen Bäcker, Metzger und Zimmerleute einfach die Zeit, während ihre Arbeit in der Nacht heimlich von den fleißigen Wichten erledigt wird.

Das ist für die Handwerker ein sehr bequemes Arrangement, das aber nur gilt, solange niemand die Heinzelmännchen jemals zu Gesicht bekommt. Eine Schneidersfrau ist aber allzu neugierig und streut Erbsen auf die Treppe. Sie schaut zu, wie die Hausgeister auf den Erbsen ausrutschen und unter lautem Wehklagen die Stufen herunterpurzeln. Daraufhin sind sie für immer verschwunden.

Der geografische Ursprung dieser rheinischen Volkssage liegt vermutlich in der Gegend des Siebengebirges, und der Historiker Harry Böseke glaubt, die Heinzelmännchen habe es tatsächlich gegeben, nämlich im späten Mittelalter als Wasserknechte in den Erzbergwerken des Bergischen Landes. Dort hätten sie das Grundwasser aus den Gruben geschaufelt, und weil die Schächte dort sehr eng waren, konnten nur kleinwüchsige Menschen diese mühselige Arbeit verrichten. Durch den Einsatz von Pumpen seien sie jedoch etwa ab dem Jahr 1500 aus den Bergwerken verdrängt worden und dann in Städte wie Köln ausgewandert.

Der Kölner Verschönerungsverein stiftete 1897 einen Brunnen, der von den Bildhauern Edmund und Heinrich Renard gestaltet wurde. Er steht in der Straße Am Hof, unweit vom Dom, und zeigt die Schneidersfrau oben auf der Treppe. Unten

Die Kölner haben ihren Heinzelmännchen ein Denkmal gesetzt

am Fuß der Stiege sieht man die gestürzten Kobolde. Die Bildreliefs rechts und links von der Treppe stellen die Zwerge bei ihrer nächtlichen Arbeit dar. Die Figur der Schneidersgattin ist übrigens eine Kopie: Das Original wird im Kölnischen Stadtmuseum aufbewahrt.

Herr, Trude

Sie habe schon als junges Mädchen die „komische Alte" verkörpert, befand Willy Millowitsch einmal in einem Interview über seine Volksschauspieler-Kollegin Trude Herr (1927–1991). Deren Karriere begann nach Kriegsende in den 1940er-Jahren mit kleineren Rollen am Millowitsch-Theater. Später, als sie von 1977 bis 1986 auf der Severinstraße ihr „Theater em Vringsveedel" betrieb, hielt sie allerdings die Inhalte der Millowitsch-Schwänke nicht mehr für zeitgemäß: „Über ein uneheliches Kind regt sich doch heute keiner mehr auf." Ihre eigenen Stücke hatten den Anspruch, „moderner" und volksnaher zu sein.

Trude Herr: Sie wollte nicht nur keine Schokolade, sondern immer auch schon ein eigenes Theater

Sie entstammte auch nicht jenem Milieu, das die Komödien der klassischen Heimatbühnen karikieren, sondern wuchs im Industrievorort Köln-Mülheim auf, wo ihr Vater Robert Herr Mitglied der Kommunistischen Partei war, was ihm in der Nazizeit eine langjährige Haft im Gefängnis und im Konzentrationslager einbrachte.

In den 1950er-Jahren feierte sie große Erfolge mit ihren Auftritten auf Karnevalssitzungen, doch später wahrte sie zum funktionärsgesteuerten offiziellen Narrentum eine gewisse Distanz, wie sie auch sonst mit der Behäbigkeit der kölschen Mentalität und mit den verkrusteten städtischen Strukturen haderte. In ihrem Lied „Die Stadt" rechnete sie 1987 mit der Neigung ihrer Mitbürger zu sentimentaler Heimattümelei ab: „ … mol se dir schön, vun mir us en Jold, mol se dir heil, dann drähste kein Schuld, mol, dat se dir et letzte noch nimmb, mol se rich, un alles stimmp … alt die Stadt, doch innerlich jung, schwer verjivv, un doch hätt se Schwung, schriev, he liggen de Lück en d'r Soot, schriev, he jitt et Lück met Moot …" (Mal sie dir schön, von mir aus in Gold, mal sie dir heil, dann trägst du keine Schuld, mal, dass sie dir das Letzte noch nimmt, mal sie reich, und alles stimmt ... alt die Stadt, doch innerlich jung, schwer vergiftet, und doch hat sie Schwung, schreibe, hier liegen die Leute in der Gosse, schreib, hier gibt es Leute mit Mut ...)

Eine ihrer Paraderollen war die resolute Fahrlehrerin in dem Heinz-Erhardt-Film „Natürlich die Autofahrer" (1959). Bundesweit bekannt wurde sie mit ihrem Hit „Ich will keine Schokolade" (1960). Trude Herr spielte in über 30 Kino- und TV-Filmen mit, aber ihr Lebenstraum war es immer, ein eigenes kölsches Volkstheater zu leiten. Nachdem sie ihr „Theater em Vringsveedel" jedoch aus finanziellen und gesundheitlichen Gründen schließlich aufgeben musste, verbrachte sie die letzten Lebensjahre auf den Fidschi-Inseln. 1991 starb sie im südfranzösischen Ort Lauris.

Trude Herr und Heinz Erhardt in der herrlichen Komödie „Natürlich die Autofahrer"

Historisches Archiv & U-Bahn-Bau

„Kritiker des kölschen Klüngels haben einen Anlass mehr, sich schadenfroh die Hände zu reiben", schrieb die „Rheinische Post" im Februar 2010, als „fast täglich (...) neue skandalöse Details" (Frankfurter Allgemeine Zeitung) über den Bau der Kölner Nord-Süd-U-Bahn ans Tageslicht kamen.

Am 6. März 2009 stürzte das Gebäude des Historischen Archivs an der Severinstraße ein. Zwei Menschen kamen dabei zu Tode. Der geplante Neubau am Eifelwall wird 97 Millionen Euro kosten. Mit der Restaurierung der geborgenen Bestände sind die Spezialisten wohl in den nächsten 30 Jahren voll beschäftigt. Die Kosten dafür liegen zwischen 300 und 600 Millionen Euro.

„Man überlässt nicht dem Fuchs die Aufsicht über den Hühnerstall"

Schon bald vermutete man als Ursache für den Einsturz einen Zusammenhang mit dem Bau des U-Bahn-Tunnels unter der Severinstraße. Elf Monate nach dem Unglück mündeten die Ermittlungen der Kölner Staatsanwaltschaft in einen ungeheuerlichen Verdacht: Beim Bau von fünf Bahnhöfen entlang der Strecke sollen die Bauprotokolle manipuliert worden sein. Von „Schlamperei und kriminellen Machenschaften" berichtete der „Express": „Stabilisierende Eisenteile sollen in den Baugruben in drastischem Ausmaß fehlen." Bis zum 18. Februar 2010 stellte man bei 28 Protokollen über die Schlitzwand-Lamellen „Auffälligkeiten" fest, so die offizielle Sprachregelung. Der „Kölner Stadt-Anzeiger" zitierte einen Ermittler, der von „offenem Betrug" sprach. Immerhin wurden die Fälschungen bei den Messprotokollen so raffiniert vorgenommen, dass sie auf den ersten Blick nicht auffielen. Am Heumarkt sollen zum Beispiel nur 17 Prozent der erforderlichen Eisenbügel eingebaut worden sein, und deswegen kamen Zweifel auf, ob bei Rheinhochwasser die Wände dem steigenden Druck standhalten.

Über die Ursache des Archiv-Unglücks lassen sich aus den Baumängeln bislang zwar keine Rückschlüsse ziehen, aber der systematisch anmutende Pfusch am Bau ist auch so schon schlimm genug. Aus sparpolitischen Gründen hatte man die Bauaufsicht dem Bauherrn überlassen, nämlich den Kölner Verkehrsbetrieben. „Man überlässt nicht dem Fuchs die Aufsicht über den Hühnerstall“, kritisierte der Ratsherr Jörg Detjen von der Linkspartei im Nachhinein diese Entscheidung.

Kommentatoren äußerten die Befürchtung, mit der Beurlaubung zweier beschuldigter Poliere werde vielleicht wieder nur „ein Bauernopfer“ gebracht, und das restliche Kartell der Klüngeler, Schrottschieber und Vertuscher schaffe es womöglich, sich der Verantwortung zu entziehen.

Plötzlich klafft da ein riesiges Loch, wo kurz vorher noch das Historische Archiv stand

Es steht der Verdacht im Raum, die einsparten Eisenteile seien unter der Hand an Schrotthändler verkauft worden. Auch beim Betonieren soll geschludert worden sein. „Baufirma traut eigenen Leuten nicht mehr“, titelte der „Kölner Stadt-Anzeiger“ am 17. Februar 2010. Andere

Ursprünglich sollten die ersten Bahnen schon 2009 durch den Skandal-Tunnel rollen. Jetzt rechnet jedoch niemand mehr damit, dass die Nord-Süd-Linie vor 2016 ihren Betrieb aufnimmt.

Imhoff, Hans

Sobald Hans Imhoff (1922–2007) ans Rednerpult trat, nahm die Aktionärsversammlung der „Stollwerck AG“ Züge einer Karnevalssitzung an. Zu Beginn artikulierte er den „Sound Check“ am Mikrofon mit „Wau wau“. Anschließend kamen die Zahlen von Umsätzen und Gewinnen zwar auch zur Sprache, aber nur am Rande, denn der größte Teil des Bilanzvortrags bestand aus witzigen Anmerkungen. „Genug gequatscht, jetzt jitt et lecker Kölsch“, rief der Fabrikant zum Schluss seiner launigen Rede in den Saal. Die Kleinaktionäre amüsierten sich königlich. Sonst hatten sie auf diesen Jahreshauptversammlungen nicht viel zu sagen, denn nur fünf Prozent der Stollwerck-Aktien befanden sich in Streubesitz: Den Rest kontrollierte Mehrheitsaktionär Imhoff.

Hans Imhoff – Archetyp des rheinischen Kapitalisten

Seit 2001 war Hans Imhoff Ehrenbürger der Stadt Köln. Er hatte Züge eines kölschen Originals, und er führte zugleich mit unternehmerischem Weitblick und patriarchalischem Regiment die Schokoladenfabrik „Stollwerck“ aus den roten Zahlen. Imhoff verkörperte den „rheinischen Kapitalisten“, wie er für die Jahre der Bonner Republik typisch war; „je nach Tageslaune“ ein „knallharter Boss“ oder ein „fürsorglicher Patron“, wie ein Nachrichtenmagazin über ihn schrieb.

Der süßliche Duft der „Stollwerck“-Fabrik durchzog in seiner Kindheit das Severinsviertel. An diesem Geruch hatte er „sich sattgeschnuppert“, wie er sich später erinnerte. Hans Imhoff wuchs in einfachen Verhältnissen auf und hatte selten Geld für Schokolade. „Eines Tages gehört der Laden mir“, schwor er sich.

Seine erste Pralinenmaschine beschaffte er sich in der Nachkriegszeit durch Tauschgeschäfte auf dem Schwarzmarkt. Als Rohmasse für die Pralinen schmolz der findige Unternehmer Schokolade aus amerikanischen te und schließlich zu einem der europaweit größten Schokoladenproduzenten ausbaute. Nach der Übernahme von „Stollwerck" durch

CARE-Paketen ein. 1972 war er endlich am Ziel seiner Kindheitsträume und übernahm die wirtschaftlich angeschlagene „Stollwerck"-Fabrik, die er innerhalb von vier Jahren sanierte und schließlich zu einem der europaweit größten Schokoladenproduzenten ausbaute. Nach der Übernahme von „Stollwerck" durch die Barry Callebaut AG wurde allerdings der Kölner Produktionsstandort 2005 geschlossen; nur noch ein Teil der Verwaltung residiert weiterhin in Köln.

Sein Schokomuseum begeistert nicht nur Kölner Kinder

Karnevalssitzung

Das wilde Narrentreiben war der weltlichen und geistlichen Obrigkeit nie geheuer. Immer wieder versuchte man daher, den Karneval zu reglementieren oder gar zu verbieten. Ein Erlass von Papst Benedikt XIV. untersagte zum Beispiel 1748 ausdrücklich Karnevalsfeiern am Freitag, dem Tag des Herrn. Das ließ sich aber nicht dauerhaft durchsetzen. Ebenso verhallten die Klagen des Papstes ungehört, dass die meisten Gläubigen von ihrem Alkoholrausch noch längst nicht wieder ausgenüchtert waren, wenn sie Aschermittwoch in die Kirche kamen, um sich als mahnende Erinnerung an ihre Sterblichkeit das Aschekreuz auf die Stirn malen zu lassen.

Karnelvalssitzung, mal original ...

Das einfache Volk tummelte sich an den tollen Tagen auf den Straßen und in den Kneipen. Die aristokratische Gesellschaft des späten 18. Jahrhunderts feierte ihre „Redouten"-Bälle. Zwischen diesen beiden soziologischen Polen entstand ab 1823 der Bürgerkarneval mit Sitzungen im Saal. Deren bis heute gültigen Rituale lenkten die Umtriebe der Jecken in gemäßigte und kontrollierte Bahnen.

Mit den Aufmärschen der Funken und Garden und mit den Ordensverleihungen wurde der preußische Militarismus veralbert. Es war aber dann ausgerechnet ein preußischer Offizier, nämlich der Generalmajor Baron von Czettritz und Neuhaus, der als „Unterscheidungszeichen der Eingeweihten" 1827 die Narrenkappe einführte. Sie ist der Jakobinermütze der Französischen Revolution nachempfunden und wird von den Mitgliedern der rund 140 offiziellen Kölner Karnevalsgesellschaften nur während der Session getragen: Das „Festkomitee" wacht auch sonst über die strenge Regel, dass Angehörige seiner Mitgliedergesellschaften zwischen Aschermittwoch und dem 11.11. sich grundsätzlich nicht in Uniform oder im „Ornat“ in der Öffentlichkeit zeigen dürfen.

Während der rund vierstündigen Sitzung präsidiert der Elferrat auf der Bühne. Die „Elf“ ist die Narrenzahl, sie liegt zwischen der 10 des Dezimalsystems und der 12 des Duodezimalsystems. Ist der Beitrag eines Büttenredners oder Musikers gelungen, verabschiedet man ihn von der Bühne mit dem dreifachen Hochruf „Kölle Alaaf“. Er entstand im 18. Jahrhundert als „Kölle all af“ im Sinne von „Köln über alles“. Ein besonders brillanter Auftritt wird zusätzlich mit einer „Rakete“ durch Pfiffe, Fußgetrampel und Klopfen auf der Tischplatte honoriert.

Als der Irakkrieg 2003 ausgerechnet in der Karnevalszeit begann und man darüber diskutierte, ob in dieser ernsten Zeit die Sitzungen vielleicht lieber abgesagt werden sollten, einigten sich die Obernarren darauf, als Zugeständnis an die politische Situation wenigstens auf die „Rakete“ zu verzichten.

... mal originell

Kier, Udo

„Ich war hübsch, konnte nichts und hatte dennoch Erfolg", bilanzierte der Schauspieler Udo Kier einmal selbstironisch die Anfänge seiner Karriere. Geboren wurde er 1944 in Köln-Mülheim, und obwohl er später schon längst in Los Angeles etabliert war, behielt er dennoch bis in die 1990er-Jahre seinen Hauptwohnsitz in Köln. Dort lebte er mit dem Maler Michael Buthe und mit dem Videokünstler Marcel Odenbach zusammen in einer Künstlergemeinschaft.

Der Schauspieler Udo Kier bei Dreharbeiten im Jahre 1977 ...

Deutsche Schauspieler haben es in Hollywood normalerweise recht schwer, sich durchzusetzen. Denn nur selten sprechen sie Englisch mit dem „richtigen" amerikanischen Akzent (die Filme werden dort nicht sprachlich synchronisiert). Udo Kier ist hingegen einer der wenigen Schauspieler, die es als Charakterdarsteller in Hollywood geschafft haben, und wenn man sich seine Biografie anschaut, dann kann man den Filmpartner von Nicole Kidman, Pamela Anderson, Roy Scheider, John Malkovich und anderen Top-Akteuren getrost als Weltstar bezeichnen. Als solcher spielte er 1992 sich selbst, nämlich in Christoph Schlingensiefs Film „Tod eines Weltstars". Mit Schlingensief drehte er in den 1990er-Jahren noch weitere Filme. Auch mit Regisseuren wie Rainer Werner Fassbinder, Werner Schroeter oder Lars von Trier arbeitete er zusammen.

2009 kehrte er beruflich vorübergehend zu seinen geografischen Wurzeln zurück: In der Kölner „Tatort"-Folge „Platt gemacht" spielte er einen Obdachlosen. Das waren in seiner fast 45 Jahre langen Karriere die ersten Dreharbeiten, bei denen er seine Rolle mit leicht kölschem Akzent sprach.

Anfang der 1970er-Jahre avancierte er zum „Underground-Star" in zwei Filmen von Andy Warhol, „Frankenstein" und „Dracula". Seitdem gilt Udo Kier als Idealbesetzung für schräge Rollen, für die Verkörperung von Exzentrikern, finsteren Magiern, geheimnisvollen Bösewichten und in höchstem Maße dekadent wirkenden Figuren: „Das Gute ist einfach gut, da gibt es keine Steigerung. Das Böse aber kennt keine Grenzen und ist deshalb einfach interessanter", sagt Kier über sein Faible für düstere Charaktere. Ein Filmrezensent hat ihn mal als „König der Nebenrollen" bezeichnet. In Gus van Sants Film „My Private Idaho" (1991) übernahm er die Rolle des Freiers „Hans". In Madonnas Bildband „SEX" (1992) posiert er als reifer Playboy zusammen mit nackten jungen Männern. Mit Madonna drehte Kier auch zwei Pop-Videos, die seinen Bekanntheitsgrad anschließend enorm steigerten. Bis jetzt wirkte er in etwa 170 Kinofilmen und zahlreichen TV-Serien mit.

... und 30 Jahre später in seiner Heimatstadt Köln

Köln-Krimis

Sherlock Holmes und sein Atlatus Dr. Watson durchstreifen die nebligen Straßen von London, und Agatha Christies Amateurdetektivin Miss Marple lebt in einem fiktiven Dorf namens St. Mary Mead. Die Kriminalromane der „Schwarzen Serie" der 1940er-Jahre spielen in Los Angeles wie die Philipp-Marlowe-Geschichten von Raymond Chandler. In Paris ging in den 1950er-Jahren George Simenons Figur des Kommissar Maigret auf Verbrecherjagd, ebenso der Privatdetektiv Nestor Burma des Schriftstellers Léo Malet. Das Genre des klassischen Detektivromans hatte meistens die großen internationalen Metropolen zum Schauplatz.

Frank Schätzing gehörte zu den ganz frühen Köln-Krimi-Autoren

Als 1985 im Kölner Emons-Verlag der erste Köln-Krimi „Tödlicher Klüngel" von Christoph Gottwald erschien, betraten Verleger und Autor damit literarisches Neuland. Sie begründeten eine völlig neue Richtung der Regionalkrimis, deren Attraktivität im Wesentlichen darin besteht, dass die Leser die Schauplätze in ihrer unmittelbaren Lebensumgebung wiedererkennen. In der präzisen Schilderung des typisch kölschen Milieus liefern diese Krimis interessante stadtsoziologische Aufschlüsse. Die Kneipen am Eigelstein oder in der Südstadt, die Klüngelbrüder in Sport, Politik und Wirtschaft und der allgegenwärtige Klerus sind Chiffren für die unverwechselbare Identität einer Stadt in einer Zeit, in der woanders vieles gesichtslos austauschbar geworden ist – in Köln aber gerade nicht. Das macht den Erfolg dieser Geschichten aus, auch wenn die Zunft der Krimiautoren inzwischen längst auch andere Regionen als Krimischauplatz entdeckt hat.

Mehr als 40 Köln-Krimis und historische Romane, die im mittelalterlichen Köln oder in anderen Jahrhunderten spielen, hat der Verleger Franz-Josef Emons in den vergangenen 25 Jahren publiziert. Nur er allein darf seine Bücher Köln-Krimis nennen, denn dieses Label hat er sich schützen lassen. Allerdings veröffentlichen auch andere Verlage Krimis, die in Köln spielen, etwa der in Hillesheim (Eifel) ansässige KBV-Verlag.

Frank Schätzing schrieb in den 1990er-Jahren fünf Köln-Krimis, bevor er dann mit Wissenschaftsthrillern bundesweit bekannt wurde und zum Bestsellerautoren avancierte. „Der Schwarm" (2004) ist sein bislang größter Erfolg; 2011 soll eine Verfilmung in die Kinos kommen. Der Sender RTL verfilmte seine Köln-Krimis „Mordshunger" und „Die dunkle Seite".

Edgar Franzmann ist einer der aktuelleren Köln-Krimi-Schreiber

Kölsch

„Kölsch" ist nicht nur eine Mundart, sondern auch eine Biersorte, und Köln ist die einzige Stadt, nach der ein Bier benannt ist: „Pils" muss nicht unbedingt aus dem tschechischen Plzeň (Pilsen) stammen, sondern kann auch woanders gebraut werden. „Kölsch" hingegen darf nur in Kölner Sudkesseln gären und in denen einiger Traditionsbrauereien im unmittelbaren Umland. 1995 nahm die Europäische Union das Kölsch in die Liste der geschützten Herkunftsbezeichnungen auf, wo auch Cognac und Champagner notiert sind.

Ein echtes Kölsch ...

Kölsch wird nach obergäriger Brauart hergestellt, d. h., im Brauprozess setzt sich die Hefe oben ab. Welche Qualitätseigenschaften dieses Bier sonst noch haben muss, legt die „Kölsch-Konvention" fest, auf die sich die Mitglieder des Kölner Brauerei-Verbandes e.V. 1985 verständigt haben: Es ist ein Vollbier mit 4,9 Vol. Prozent Alkoholgehalt, hell und klar, also filtriert, mit einem hopfenbetonten Geschmack. Es verliert nach dem Zapfen seinen Schaum allerdings schneller als Pils, weshalb es rascher ausgetrunken und daher traditionellerweise in kleinen zylindrischen Stangen mit einer Menge von nur 0,2 Litern ausgeschenkt wird. In der Außengastronomie serviert man aber meistens aus praktischen Gründen „große Kölsch" in 0,3- oder 0,4-Liter-Gläsern.

Bierkenner behaupten, das beste Kölsch gebe es nur in den klassischen Hausbrauereien, wo es noch direkt aus dem traditionellen Holzfass gezapft wird, also etwa im „Brauhaus Päffgen" oder in der „Malzmühle". Auch die „Schreckenskammer" an der Ursula-Kirche schenkt ein Kölsch aus, das nur für diese Gaststätte gebraut wird.

Als der Brauer Christian Sünner in Köln-Kalk 1918 begann, sein Produkt erstmals offiziell als

„Kölsch" zu bezeichnen, gab es in der Stadt noch rund 100 weitere Kölsch-Marken. Doch die vielen kleinen Brauhäuser mussten nach und nach den großen Industriebrauereien weichen. Die „Kölsch-Konvention" hatten 1985 gerade noch rund zwei Dutzend Brauereien verabschiedet.

... schmeckt nicht nur im Brauhaus, sondern auch an der frischen Luft

Marketingspezialisten haben erkannt, dass der deutsche Biertrinker generell regional orientiert ist. Das gilt besonders für die Kölner Kneipengänger. Mexikanische oder amerikanische „Modebiere" haben sich in Bistros und Biergärten rund um den Dom nicht dauerhaft durchsetzen können. Die seit den 1990er-Jahren zu beobachtende Marktkonzentration im Biergewerbe machte aber auch vor den Kölsch-Marken nicht halt. Heute teilen sich die drei großen Kölsch-Brauereien Früh, Gaffel und Reissdorf rund 60 Prozent des Marktes. Aus ökonomischen Gründen haben viele der kleineren Marken keine eigenen Braustätten mehr, sondern werden als „Lohnsud" in Großbrauereien hergestellt.

Kölner Zucker

Im Jahre 1821 gab es in Köln acht Fabriken, die Rohrzucker verarbeiteten, den man aus den niederländischen Kolonien importierte. 1832 kam eine weitere Raffinerie hinzu, nämlich jene von „Schimmelbusch und Joest". Ihr kaufmännischer Leiter war Johann Jakob Langen, der das Unternehmen rasch zum technisch modernsten Betrieb in der Branche ausbaute. Bereits 1839 war dank Langens Weitsicht diese Raffinerie mit 130 Beschäftigen und 90.000 Zentnern Verarbeitungsmenge pro Jahr die größte preußische Zuckersiederei gewesen.

In den 1840er-Jahren machte sich Johann Jakob Langen als Unternehmer selbständig. Er kaufte eine Eisenhütte in Troisdorf und zusammen mit anderen Teilhabern Schürfrechte für Steinkohle im Ruhrgebiet, aber auch eine kleine Zuckerraffinerie in Köln.

1840 erwarb Emil Pfeifer das Gut Fronhof im heutigen Kölner Stadtteil Ossendorf. Dort richtete er eine Versuchsanlage ein, und 1851 gelang es ihm, aus Rüben Zucker zu kochen. Fortan kaufte er rund 50 Bauern in der Umgebung die Rübenernte ab. Langens Sohn Eugen, ein Ingenieur, erprobte 1868 auf dem Ossendorfer Gut seine neue Erfindung, einen Knochenkohleofen.

1870 gründeten schließlich Emil Pfeifer und sein Sohn Valentin zusammen mit dem Ingenieur und Erfinder Eugen Langen die Firma „Pfeifer und Langen", die bald zum Inbegriff für „Kölner Zucker" wurde. Der Ausbau der Eisenbahnlinien ermöglichte ihnen das Heranschaffen der Rüben auch aus entfernteren Gebieten und damit als Expansion ihrer Aktivitäten die Inbetriebnahme weiterer Zuckerfabriken in Elsdorf und Euskirchen.

Kurioserweise verstand sich der Vater Johann Jakob Langen zu Lebzeiten als Lobbyist für kolonialen Rohrzucker. Er forderte sogar immer wieder eine höhere Besteuerung von heimischem Rübenzucker. Da er 1869 starb, erlebte er nicht mehr, wie sich sein Sohn Eugen geschäftlich mit den Pfeifers verband.

Eugen Langen war der technisch-innovative Geist unter den rheinischen Zuckerindustriellen. Er erfand zum Beispiel 1872 auch ein Verfahren zur Herstellung von Würfelzucker.

Seit 1965 gehört ebenso Gelierzucker zur Produktpalette von „Pfeifer und Langen", das heute der drittgrößte Zuckerproduzent in Deutschland ist. Für das Jahr 2006 meldete das Unternehmen, das nach wie vor seinen Hauptsitz in Köln hat, 856 Mitarbeiter, die einen Jahresumsatz von 644 Mio. Euro erwirtschafteten. Das Markenzeichen ist nach wie vor der blau-weiß gestreifte Zuckerhut, doch das Sortiment umfasst heute ebenso für die weiterverarbeitende Lebensmittelindustrie Raffinaden in verschiedenen Körnungen, Kandisfarine, Basterdzucker, Invertzuckersirupe, Karamellzuckersirupe und Glukosesirupe, außerdem Maltodextrine, Gluten, Weizenproteinhydrolysate und Weizenstärke.

Daraus soll mal reiner weißer Kristallzucker werden? Es wird

Melaten

Damit alte erhaltenswerte Grabstellen nicht verfallen, ersann Kölns ehemalige Stadtkonservatorin Hiltrud Kier Grabpatenschaften

Im Mittelalter war den „Maladen", d. h. den an der Lepra-Krankheit Leidenden, der Aufenthalt in Köln verwehrt. Sie lebten auf „Melaten", wie man das Wort „Malade" damals aussprach. Nur zu bestimmten Feiertagen durften sie in Begleitung eines „Schellenknechts" zum Betteln in die Stadt kommen, und mussten ein weißes Gewand tragen, an dem sie als Aussätzige zu erkennen waren.

Ihr Heim „campus leprosi" (Leprosenheim) an der Aachener Straße ist ab dem Jahre 1180 belegt und lag etwa anderthalb Kilometer von der damaligen Stadtmauer entfernt. 1243 ist es unter der Bezeichnung „hoff to Malaten" urkundlich erwähnt. Zwei Jahre später, nämlich 1245, weihte der Erzbischof Konrad von Hochstaden dort eine Kapelle ein, und ein Wirtshaus hat es zu jener Zeit auf Melaten ebenfalls gegeben.

Die Leprosenanstalt stellte den „Armesünderkarren", mit dem Verurteilte vom Gefängnis nach Melaten gefahren und dort am Galgen gehenkt wurden. Die letzte Hinrichtung auf dem Gelände fand 1797 statt.

Zu dieser Zeit war Köln von französischen Truppen besetzt. Diese trafen auf städtische Strukturen, die seit dem Mittelalter unverändert waren. Napoleons Beamte verpassten den Kölnern eine moderne Verwaltung, und dazu gehörte 1804 auch eine neue Begräbnisordnung, die aus hygienischen Gründen Beerdigungen in der Stadt verbot. Protestanten und Juden mussten im katholischen Köln schon vorher außerhalb der Stadtmauern bestattet werden, und nun eben auch die Katholiken, für die man Melaten ab 1810 als „Zentralfriedhof" reservierte. Erst seit 1829 steht das Gräberfeld auch anderen Konfessionen zur Verfügung.

Wegen der vielen wunderschönen Grabsteine aus dem 19. und frühen 20. Jahrhundert steht die Anlage heute unter Denkmalschutz. Hier sind alle Prominenten begraben, die in der Stadt gelebt, ihr Kultur- und Geistesleben oder ihre Politik mitgeprägt haben: der Erfinder des Kölnisch Wassers Johann Maria Farina, der Gewerkschaftsführer Hans Böckler, die Schauspieler Gisela Uhlen, Willy Birgel, René Deltgen und Willy Millowitsch, die Karnevalisten Horst Muys und Jupp Schmitz, der Bankier Iwan D. Herstatt, die Politiker Hans Katzer und Hans-Jürgen Wischnewski und der Rennfahrer Rolf Stommelen.

Köln war die erste Stadt, die 1981 auf Anregung der damaligen Stadtkonservatorin Prof. Hiltrud Kier eine „Grabpatenschaft" einführte, um die historischen Grabmonumente auf Melaten zu erhalten: Der Pate pflegt eine alte Grabanlage mit abgelaufenem Nutzungsrecht und darf sich dafür später selbst in dieser Gruft bestatten lassen.

Grabsteinschütteln auf Melaten: Was sich kurios anhört, dient der Sicherheit der Besucher. Der Friedhofschef prüft die Standfestigkeit alter Grabsteine

Millowitsch

Als sich der Düngemittelhändler Franz Andreas Millowitsch um das Jahr 1840 in Köln um eine Zulassung als Puppenspieler bewarb, winkten die Beamten ab: Mit dem „Hänneschen-Theater" von Johann Christoph Winters gab es bereits eine Puppenbühne in der Stadt, und das sei ausreichend. So musste Millowitsch auf das Deutzer Rheinufer ausweichen und gab dort seine „Faxen" an der Schiffbrücke zum Besten. Wenn die Ponton-Brücke geöffnet wurde, damit ein Schiff durchfahren konnte, mussten die Passagiere etwa 20 Minuten warten, bis sie endlich den Rhein überqueren durften. In dieser Zeitspanne unterhielt der Puppenspieler sein Publikum mit denselben Hänneschen-Figuren wie Konkurrent Winters.

Er wurde durch das Fernsehen zum wohl bekanntesten Kölner: Willy Millowitsch

Sein Sohn Josef Caspar Millowitsch spielte erstmals in einem festen Haus, und der Enkel Wilhelm Josef Millowitsch ersetzte dann 1895 die Puppen durch menschliche Schauspieler. Von einem Gastspiel in Koblenz aus kündigte er in einem Telegramm an Richard Schipansky, den Direktor des Reichshallentheaters in der Gertrudenstraße, die Neuerung an: „Ich will es euch bekunden, die Puppen sind verschwunden. Es war mir zu gewöhnlich, wir spielen jetzt persönlich."

Der Name Millowitsch stand für kölschen Mutterwitz. Eine Anekodote erzählt, wie ein bissig-satirischer Dialog einem der Millowitschs sogar eine Strafe wegen Majestätsbeleidigung eintrug: Nach einer Steuererhöhung stand in einem Stück eine Kaiserbüste auf der Bühne, nur aus Kopf und Schultern bestehend. Tünnes: „Sag, Hänneschen, wo hätt dann dä Kaiser sing Häng?" (Wo hat denn der Kaiser seine Hände?). Hänneschen: „Jo, Tünnes, weißte dat dann nit? In anderer Lücks Täsch!" (In anderer Leute Taschen!).

Als das Stück nach der Verurteilung wieder aufgenommen wurde, war der Saal bis auf den letzten Platz voll besetzt, und alles wartete natürlich gespannt auf die Szene mit der Kaiserbüste. Wieder stellte Tünnes die Frage: „Sag, Hänneschen, wo hätt dann dä Kaiser sing Häng?“ Doch diesmal antwortete Hänneschen: „Ich weiß et, ävver ich sage et nit!“

Seit 1936 ist das Millowitsch-Theater in der Aachener Straße ansässig. Von dort sendete das Fernsehen die Stücke in den 1950er- und 1960er-Jahren live, und diese Übertragungen erwiesen sich als „Straßenfeger“. Um bundesweit verstanden zu werden, musste Willy Millowitsch allerdings auf die kölsche Mundart verzichten – seitdem sprechen die Schauspieler nur noch ein mehr oder weniger stark eingekölschtes Hochdeutsch.

Willy Millowitsch in einem seiner eigenen Stücke

Der „Tünnes“ mutierte zum „Anton“, wie die Hauptfigur noch heute in den meisten Stücken heißt.

1990 übernahm Peter Millowitsch in der siebten Generation das Theater. Er schreibt und inszeniert moderne Schwänke, die auch schon mal im Rotlichtmilieu spielen („Wenn im Puff dat Licht ausjeht“).

Mitternachtsspitzen

In Köln gibt es zwei Orte, an denen Kabarettisten sich geadelt fühlen können, wenn man sie dorthin zu einem Auftritt einlädt: Das ist zum einen Alexandra Kassens Senftöpfchen-Theater in der Altstadt, und das ist zum anderen der Alte Wartesaal im Hauptbahnhof. Aus dem gründerzeitlichen Ambiente des früheren Bahnhofsbüffets überträgt der WDR einmal monatlich die Sendung „Mitternachtsspitzen". Erstmals wurden hier vor der Kamera die bösen satirischen Spitzen im Jahre 1988 ausgeteilt, damals noch mit dem Kölner Kabarettisten Richard Rogler als Moderator. Seit 1992 führt als sein Nachfolger Jürgen Becker durch die Sendung, und er beginnt seine Moderation jedes Mal mit dem Einstieg: „Dann woll'n wir uns mal einen schönen Abend machen."

In den „Mitternachtsspitzen" haben die Stars der deutschsprachigen Kabarett-Szene ihre Gastauftritte, darunter der stets umjubelte Uwe Lyko als zittriger Ruhrpottrentner „Herbert Knebel". Zugleich bietet die Sendung auch Nachwuchskomikern eine Bühne.

Jürgen Becker absolviert als vorletzte Nummer immer einen Solobeitrag in seiner Rolle als „Heimathirsch" mit einer Narrenkappe, an die ein Geweih geklebt ist, grüner Trachtenjacke, qualmender Zigarre und altmodischer Hornbrille. Es gehört zu den vertrauten Ritualen der Sendung, dass ihn nach wenigen Sätzen sein Kollege Wilfried Schmickler als „Rausschmeißer" mit einem barschen „Aufhören, Becker, aufhören!" unterbricht und dann selbst das Wort ergreift.

Schmicklers cholerischer Schlussmonolog ist jedes Mal eine bitterböse Abrechnung mit der Doppelmoral in Politik und Alltag. Gnadenlos haut er den Politikern eine Schimpfkanonade um die Ohren und tituliert sie als Figuren, die „sich an ihrer eigenen Nichtigkeit besaufen" und sich mit „willfährigen Schranzen und Speichelleckern umgeben". Er steigert sich regelrecht in Rage, wenn er „denen da oben" zuruft: „Das einzige, was ihr tragt, sind eure Hosenträger!" Ein besorgter Zuschauer schrieb einmal einen Brief an den Sender, er habe Angst, dass Wilfried Schmickler vor lauter Aufregung mal einen Kollaps erleiden könnte. Jürgen Becker hat zwischen den Aufzeichnungen der „Mitternachtsspitzen" noch jede Menge anderer Verpflichtungen zu bewältigen. Er tingelt nämlich gerne regelmäßig durch die Kölner Bürgerzentren und Kleinkunsttheater: „Das Wichtigste am Kabarett ist das Bier hinterher." Deswegen verteilt er bei seinen Live-Shows nach jedem Schlussapplaus gesponsertes Freibier an die Fans. Sein 2009/2010 vorgetragenes Programm „Ja, was glauben Sie denn?" ist ein munterer Streifzug durch die Religionsgeschichte. Außerdem ist Becker Mitgestalter der alternativ-karnevalistischen „Ziegenbart"-Sitzung. Motto: „Weihnachten ist schön, aber es stört mitten in der Session."

Ein Kölner und ein Leverkusener machen zusammen Kölner Spitzenkabarett

Mülheimer Gottestracht

Der Legende nach versuchte ein Dieb, über den Rhein zu entkommen, nachdem er die Mülheimer Clemenskirche ausgeraubt hatte. Doch eine unsichtbare Kraft hielt sein Boot in der Flussmitte fest; der Frevler stürzte in die Fluten und ertrank. Nachdem die Mülheimer das herrenlos auf dem Fluss treibende Boot gefunden hatten, brachten sie den geraubten Kirchenschatz mit vielen kleinen Booten wieder zurück.

Heute gilt die Mülheimer Gottestracht als die größte Schiffsprozession der Welt.

Ob ein solches Ereignis tatsächlich stattgefunden hat, weiß man nicht genau. Jedenfalls veranstalten die Mülheimer Gläubigen seit dem 14. Jahrhundert zum Dank für die Rettung der Monstranzen und des Abendmahlkelchs jedes Jahr am Fronleichnamstag eine Schiffsprozession.

Papst Urban IV. hatte den Fronleichnamsfeiertag 1264 eingeführt als Fest für den „Leichnam des Herrn". Bei den Prozessionen trägt man unter einem Baldachin die Monstranz mit einer heiligen Hostie vorweg. Dahinter folgen dann Geistliche und weltliche Honoratioren mit den übrigen Gemeindemitgliedern.

Ursprünglich fand die Mülheimer Prozession zu Lande und zu Wasser statt. Aus dem Jahre 1811 ist überliefert, dass sie fünf Stunden gedauert hat. Für die Teilnehmer war dies bestimmt ein recht anstrengender Prozessionsweg gewesen, denn die Landstrecke führte früher bis in die Nachbarorte Dünnwald und Buchheim. Heute ist der Landweg bedeutend kürzer, er geht von der Liebfrauenkirche nur noch durch Mülheim zum Rheinufer, wo das Prozessionsschiff wartet.

Dass man den Rhein einbezieht, hat ganz konkrete Gründe, denn der Fluss bildete einst die wirtschaftliche Grundlage des damaligen Dorfes: Das Wasser trieb die zahlreichen Mühlen am Ufer an (daher der Ortsname Mülheim), und der größte Teil der Bevölkerung bestand aus Fischern und Schiffsbauern. Später war Mülheim eine Kreisstadt des Bergischen Landes, die 1914 nach Köln eingemeindet wurde.

Heute gilt die Mülheimer Gottestracht als die größte Schiffsprozession der Welt. Zwischen der Zoobrücke und dem Vorort Stammheim warten am Vormittag des Fronleichnamtages Zehntausende an Schaulustigen auf das Prozessionsschiff und seine zahlreichen Begleitboote.

Viele Tausend Gläubige und Neugierige verfolgen die Mülheimer Gottestracht vom Ufer aus

Müller, Peter

In seiner Kindheit handelte sich Peter Müller (1927–1992) den Spitznamen „Müllers Aap" (Affe) ein, als ein Bienenstich die Unterlippe anschwellen ließ. „De Aap", wie er auch später noch genannt wurde, hatte zwar nie einen Weltmeister- oder Europameistertitel gewonnen, aber für die Kölner ist er bis heute der populärste Boxer, den die Stadt je hervorgebracht hat. Das lag in erster Linie daran, dass der „impulsive Kindskopf" („Der Spiegel") im Ring gerne clowneske Einlagen darbot. So schrieb „Die Zeit" über ihn: „Die Zuschauer toben vor Vergnügen, wenn er seine dummen Späße macht, Kusshändchen zum Publikum hinüberwirft, seinem Gegner nach Rundenschluss gutmütig auf den Kopf klopft oder den Ringrichter umarmt."

Peter Müller bei einem Interview

In den späten 1940er-Jahren trat er zu einem Kampf in den USA an. Man spielte wie bei internationalen Sportveranstaltungen üblich zu Beginn für seinen Gegner die US-Hymne. Für den deutschen Boxer gab es vor der Gründung der Bundesrepublik Deutschland allerdings noch keine offizielle Nationalhymne. Müller rief irritiert: „Wo bliev dann ming Hymne?" (Wo bleibt denn meine Hymne?). Als die Kapelle weiterhin stumm blieb, soll „de Aap" dem Vernehmen nach eine Mundharmonika hervorgezogen und sich selbst eine Hymne gespielt haben: Er intonierte Karl Berbuers Karnevalsschlager „Wir sind die Eingeborenen von Trizonesien", der 1948/49 auch bei den Pferderennen in Köln-Weidenpesch oder bei einem internationalen Radrennen schon mal als Ersatzhymne dienen musste. Es wird berichtet, selbst die anwesenden Offiziere der alliierten Besatzungsmächte hätten dann salutiert.

Den eher unrühmlichen Höhepunkt seiner Karriere erlebte Peter Müller 1952, als er nicht nur auf seinen Gegner eindrosch, sondern auch den Ringrichter Max Pipow K.o. schlug. Müller wurde zunächst lebenslang gesperrt. Doch da man ihn beim Verband westdeutscher Faustkämpfer durchaus als Kassenmagnet zu schätzen wusste, durfte er in dessen Geltungsbereich vorerst mit einer „Notlizenz" weiterboxen. Wegen eines juristischen Formfehlers wurde die Sperre später wieder vollständig aufgehoben.

Als Peter Müller 1966 seine Karriere beendete, hatte er trotz seiner Eskapaden eine recht beachtliche sportliche Bilanz vorzuweisen. Zwischen 1949 und 1964 war er immerhin fünfmal Deutscher Meister im Mittelgewicht gewesen. Von 176 Profi-Kämpfen gewann er 132, davon 66 durch K.o. Seine Schallplattenaufnahme aus den 1960er-Jahren gilt allerdings wohl eher als musikalisches Kuriosum. Als Refrain sang er dort sein Lebensmotto: „Rädewumm, rädewumm, dä Jung dä fällt nit um."

So sah man ihn eher selten: Peter Müller nach einem K.o-Schlag durch Gustav Scholz am Boden

Niedecken, Wolfgang

Er ist eine Doppelbegabung: Wolfgang Niedecken studierte Kunst an den Kölner Werkschulen und nimmt auch als inzwischen bundesweit berühmter Rock-Musiker weiterhin mit seinen Collagen und Materialobjekten an Ausstellungen teil. In der Bonner Bundeskunsthalle etwa stellte er 2004 seine Flaschenpost-Installation aus. Die Flaschen enthielten die Fanpost, die seine Anhänger in der DDR in den 1980er-Jahren an den Frontmann und Texter der Rock-Gruppe „BAP" geschickt hatten.

Oh, nit für Kooche, Lück, bliev ich Karneval he.

„Bap" (oder „Pap") ist das kölsche Wort für „Papa". So nannte Niedecken die Band, die er 1976 zusammen mit dem Gitarristen Wolfgang Herres gründete. Zusammen mit Afro Bauermann (Percussion) hatte das Trio einen der ersten Auftritte 1977 in Köln-Nippes bei einer Protestveranstaltung gegen die Pläne zum Bau einer Stadtautobahn. Anfang der 1980er-Jahre veränderte und erweiterte sich die Gruppe personell.

1992 initiierte der Bandleader die „Arsch huh, Zäng ussenander"-Kampagne (Arsch hoch, Zähne auseinander) gegen Rassismus. Diverse Kölner Musiker spielten vor knapp 100.000 Demonstranten auf dem Kölner Chlodwigplatz, und selbst der damals 83-jährige Willy Millowitsch war mit von der Partie. Für dieses Engagement wurde Wolfgang Niedecken 1998 mit dem Bundesverdienstkreuz ausgezeichnet.

Auch heute ist der Künstler politisch und sozial engagiert; u.a. setzt er sich für die Re-Integration ehemaliger Kindersoldaten in Afrika ein. Seit 1979 die erste LP „Wolfgang Niedeckens BAP rockt andere kölsche Lieder" erschien und 1980 die Rundfunksender „Wahnsinn, do jon mer och hin" so häufig spielten, dass der Song zum ersten größeren BAP-Hit wurde, gilt die Band aus dem Kölner Severinsviertel als Synonym für „Kölsch-Rock" schlechthin.

Neben Jürgen Zeltinger war Wolfgang Niedecken der erste Rock-Musiker, der außerhalb des Karnevals Stücke in kölscher Mundart spielte. „Verdamp lang her" (1981) erklingt zwar gelegentlich auch auf studentischen Karnevalspartys, aber generell sind Songs wie „Helfe kann dir keiner“ oder „Ahl Männer aalglatt“ nicht karnevalskompatibel. Und Niedecken selbst erklärte auch einmal, „nit för Kooche“ (nicht für Kuchen, d. h. noch nicht einmal, wenn man ihm dafür Kuchen gäbe) würde er sich in den Karnevalstrubel stürzen wollen.

2002 drehte Wim Wenders den Film „Viel passiert“ über BAP. Die Jubiläumstour „Greatest Hits“ zum dreißigjährigen Bestehen der Band 2006/2007 erlebten 300.000 begeisterte Fans. Die jüngste „Radio Pandora“-Tournee ist in Live-Mitschnitten auf dem dreiteiligen Album „Live und in Farbe“ (2009) dokumentiert.

Wer hätte das gedacht? Wolfgang Niedecken (der mit der Narrenkappe) mit Jürgen Becker und Tommy Engel bei einem gemeinsamen Auftritt im Karneval

Ostermann, Willi

Vor rund hundert Jahren beklagte man eine Verflachung des Kölner Karnevals. Die Sitzungen wurden immer mehr wie eine operettenhafte Revue inszeniert, und allzu schlüpfrigen Witzen versuchte das „Festordnende Komitee" mit der Parole „Von Zoten frei die Narretei" Einhalt zu gebieten. Da debütierte im Jahre 1907 ein 31-jähriger Sänger aus Mülheim/Rhein auf der Kölner Narrenbühne: Willi Ostermann (1876–1936). Er schaffte mit dem Lied „Däm Schmitz sing Frau es durchgebrannt" auf Anhieb den Durchbruch und lenkte fortan das Interesse des Publikums wieder vermehrt auf kölsches Liedgut. Bis heute gelten seine Kompositionen als Klassiker des kölschen Karnevalsschlagers.

Seine Couplets und „Krätzjer" mit humorigen Geschichten aus dem kölschen Alltag zeichnen sich durch eine sehr präzise Beobachtung des Milieus und seiner Typen aus. So besang Ostermann das sonntägliche Tanzvergnügen in einem Ausflugslokal am alten Bayenthaler Judenfriedhof („Am dude Jüdd") und das Kindtauffest in der Straße „Unter Krahnenbäumen". Er berichtete über eine verstopfte Ofenpfeife bei der Familie Palm („Kutt erop, bei Palms do es die Pief verstopp") und über den Hasenbraten der Wienands, für den allerdings in den Notjahren nach dem Ersten Weltkrieg die Katze ihrer Nachbarn im Kochtopf landete („De Wienands han nen Has em Pott, miau, miau, miau ...").

Nach dem Ersten Weltkrieg unterstand Köln bis 1927 der britischen Besatzungsmacht. In dieser Zeit durften keine Karnevalssitzungen stattfinden, und so wich Willi Ostermann auf hochdeutsche Texte aus. Mit seinen Stimmungsschlagern über die Rhein- und Weinromantik erreichte er dank Grammophon und Reichsrundfunk in den späten 1920er-Jahren über das Rheinland hinaus eine recht große Popularität („Drum sollt ich im Leben ein Mädel mal frei'n, ja, dann muss es am Rhein nur geboren sein ...").

Dass sich Köln in den 1920er-Jahren zu einer modernen Industrie- und Wirtschaftsmetropole wandelte, ließ den Sänger allerdings die wehmütige Klage anstimmen: „Och, wat wor dat fröher schön doch en Colonia". Sein berühmtestes Lied ist jedoch sicherlich das 1936 kurz vor seinem Tod entstandene „Heimweh nach Köln". Es heißt, der Refrain „Ich mööch zo Foß noh Kölle jon" durfte gegen Ende des Zweiten Weltkriegs nicht mehr im Radio erklingen, weil die Nazis eine wehrkraftzersetzende Wirkung fürchteten. Da hat es wohl nichts mehr genützt, dass Ostermann 1934 der NSDAP beigetreten war, um sich weiterhin Auftrittsmöglichkeiten zu sichern.

1938 errichtete man zum Andenken an den Volkssänger in der Altstadt den Ostermann-Brunnen. Die 1967 gegründete „Willi Ostermann Gesellschaft" veranstaltet an jedem 11.11. die Eröffnung der neuen Karnevalssession als Open-air-Sitzung auf dem Alter Markt oder Heumarkt.

Brunnen zum Andenken an den großen Barden: der Ostermann-Brunnen

Peter Heinrichs

„Pfeifen Heinrichs" ist den Kölnern seit 1908 ein Begriff, als der Großvater des heutigen Inhabers eine Firma zur Pflege des Tabakgenusses gründete. Sogar Häftlingen, die einst ihre Gefängnisstrafe im alten Kölner „Klingelpütz" am Gereonswall verbüßten, dürfte der Name des Tabakhändlers Peter Heinrichs geläufig gewesen sein. Denn dort in dem düsteren Knast aus der Preußen-Zeit stand einer der 2500 Zigarettenautomaten, mit denen der Enkel des Firmengründers in den 1960er-Jahren die Raucher unter den Insassen versorgte. Später verkaufte Peter Heinrichs die Automaten an eine Handelsgruppe.

Öffentliche Rauchverbote haben seinem Geschäft nicht geschadet: Peter Heinrichs

Auf der Hahnenstraße eröffnete er ein Einzelhandelsgeschäft für gehobene Tabakwaren. Inzwischen betreibt er drei Filialen in Köln und eine weitere im Château Henri in Niederaußem, an die auch ein Museum für Tabakkultur angeschlossen ist. In den vier Niederlassungen wird eine eigene Zigarettenmarke „Peter Heinrichs" in sieben verschiedenen Geschmacksrichtungen angeboten. Das Besondere daran: Die Zigaretten bestehen aus Pfeifentabak. Hergestellt werden sie nach alten handwerklichen Regeln in einer kleinen Manufaktur in Belgien. Wer sich aus dem Sortiment von 100.000 Pfeifen eine mit Kautschuk-Mundstück oder eine Meerschaumpfeife aussuchen möchte, der kann sogar schon morgens um 6 Uhr in die Hahnenstraße 2 kommen. Chefs und Manager haben nämlich tagsüber recht wenig Zeit, um sich mit edlen Zigarren oder mit einer Spezialmischung aus verschiedenen Pfeifentabaken einzudecken. Deswegen macht Peter Heinrichs morgens zwischen sechs und neun Uhr auch mehr Umsatz als während der restlichen Öffnungszeit.

Insider wissen: Im Keller dieses Geschäftslokals befindet sich eine gemütliche Raucherlounge

Doch nicht alle Kunden sind passionierte Frühaufsteher, und so ist direkt neben dem Stammhaus in der „La Casa del Habano" mit speziellen kubanischen Zigarren im Keller eine gemütlich eingerichtete Lounge in der Woche bis 22 Uhr geöffnet. Dort wird zum zelebrierten Rauchgenuss passenderweise Bier aus Kuba kredenzt, ebenfalls Rum oder Whisky. Hier hält außerdem der „1. Kölner Pfeifenclub" seine „Smoker-Treffs" ab, und dann fachsimpeln die Mitglieder in entspannter Runde über syrischen Latakia-Tabak oder die eigene „Club"-Mischung aus Virginia-Sorten und anderen Blättern.

Die freundschaftlich-herzliche Atmosphäre im Laden und das erlesene Sortiment wissen natürlich auch zahlreiche Prominente wie der Hollywoodstar George Hamilton, der Fußballstar Rudi Völler und der Kölschsänger Tommy Engel zu schätzen. Mit seinem Slogan „Der Kunde ist mein Freund" nahm Peter Heinrichs 1996 den „Deutschen Handelspreis" als „bester deutscher Einzelhändler" entgegen.

Platzjabbek & Kallendresser

Im Mittelalter war Köln mit 30.000 bis 40.000 Einwohnern eine der größten und dank seiner weitreichenden Handelsbeziehungen auch eine der reichsten Städte Europas. Auf den wirtschaftlichen Erfolgen fußte das Selbstbewusstsein der Bürger, die auch politisch immer ihre eigenen handfesten Interessen zu wahren wussten.

Das bekam sehr deutlich der Erzbischof zu spüren, der gleichzeitig auch Kölner Kurfürst war und dessen Vorherrschaft den Bürgern missfiel: Als sich im Limburger Erbfolgestreit ein machtpolitischer Konflikt zwischen dem Kölner Erzbischof und dem Herzog Johann von Brabant zuspitzte, schlugen sich die Kölner Bürger geschickterweise auf die Seite Brabants. Der Erzbischof verlor 1288 die Schlacht von Worringen gegen die Brabanter und ihre Verbündeten und wurde dann aus der Stadt verbannt.

Köln war damit de facto nun freie Reichsstadt und vom Kurfürstentum Köln unabhängig, dessen Territorium sich fortan lediglich auf das Umland beschränkte. 1396 beendeten die Bürger nach einer unblutigen Revolution auch die Patrizierherrschaft in der Stadt und gaben sich mit dem „Verbundbrief" eine demokratische Verfassung. Die städtische Macht lag nun in den Händen der 22 Gaffeln als politischem Arm der Zünfte.

1406 beschloss der Rat den Bau des gotischen Rathausturms. Um gegenüber dem Klerus zu demonstrieren, wer nun in der Stadt das Sagen hatte, überragte der Turm die benachbarte Kirche Groß St. Martin, bislang das höchste Gebäude in Köln (der Dom wurde erst 1880 fertiggestellt).

Auf der Seite zum Alter Markt hin prangt unter der Uhr des Rathausturms die Figur des „Platzjabbek". Der Name leitet sich vom kölschen Verb „jappe" (den Mund aufreißen) und dem französischen Wort „le bec" (Mund) ab. Wenn die Uhr die volle Stunde schlägt, reißt die Figur ihren Mund auf und streckt den Passanten die Zunge heraus – als Ausdruck des freisinnigen Bürgergeistes.

Ebenfalls als Geste der Aufsässigkeit gegenüber der Obrigkeit entblößt an der Häuserfront gegenüber an der Dachrinne des Hauses „Em Hanen" der „Kallendresser" sein Gesäß. „Kalle" heißt Dachrinne, „dresse" ist das kölsche Wort pflege verdient gemacht hatten. Der Kabarettist Jürgen Becker konnte zu dieser derben Figur indes Beruhigendes verkünden: Wenn der

Deutliche Geste gegenüber der Obrigkeit: der Kallendresser

für „scheißen". Gestiftet wurde die Figur vom 1991 verstorbenen Hauseigentümer Jupp Engels, der auch den „Kallendressorden" an Mitbürger verlieh, die sich um die Brauchtums-

Kallendresser seine Notdurft verrichte, verschone er dabei die Teller der Touristen, die im Sommer auf der Bierterrasse direkt unter ihm speisen.

Raab, Stefan

Die einen vergöttern den Metzgersohn aus Köln-Sülz als begnadeten TV-Entertainer und Musiker, die anderen hassen ihn wegen seiner oftmals provozierenden Sprüche und werfen ihm vor, sein bissiger Humor richte sich allzu häufig gegen Schwächere, die sich in der Medienwelt nicht wehren könnten. So giftete der CDU-Politiker Wolfgang Bosbach einmal über Stefan Raab: „Je niedriger die Schublade, desto höher die Quote." Der Musiker Moses Pelham wehrte sich gegen die Verulkung durch den Showmaster Raab sogar äußerst handgreiflich und brach ihm 1997 rabiat das Nasenbein. Stefan Raab bekam später 10.000 Mark (heute: 5 000 Euro) Schmerzensgeld zugestanden, die er für einen guten Zweck spendete.

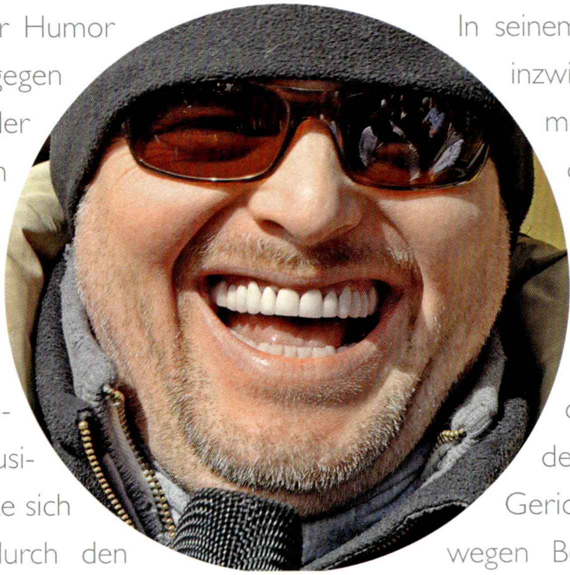

... wie kann ein Mensch nur so viele Zähne haben ...

Schlagzeilen machte er auch, als er sich freiwillig verprügeln ließ – gegen die Boxweltmeisterin Regina Halmich hielt die „Killerplauze" Raab in zwei Kämpfen 2001 und 2007 zwar tapfer durch, hatte aber trotz 88 Kilogramm Kampfgewicht keine sportliche Chance gegen die nur 55 Kilogramm schwere Fliegengewichtlerin.

In seinem Regal kann Stefan Raab inzwischen den „Adolf-Grimme-Preis" (2005), die „Goldene Kamera" (2008) sowie eine „Bambi"-Statue (2008) aufstellen. Seine Erfolgskarriere ist allerdings nicht nur durch solche Auszeichnungen, sondern auch durch diverse Gerichtsverfahren gegen ihn wegen Beleidigung geprägt. Doch beim Casting zum „Eurovision Song Contest 2010" glaubten die TV-Zuschauer ihren Ohren nicht zu trauen: Im Unterschied zu Dieter Bohlens hämischer Kritik am reichlich begrenzten Talent der Möchtegern-Superstars gab sich Raab als Juryvorsitzender den Kandidaten gegenüber recht einfühlsam und sachlich – ganz entgegen seinem sonstigen Rüpelimage.

Wo Harald Schmidt seinen Sarkasmus durch eine bildungsbürgerliche Attitüde abmildert, schätzt vor allem das jüngere Publikum gerade jene Portion Frechheit, die in den Gags eines Stefan Raab – oder auch eines Oliver Pocher – immer mitschwingt. Doch nicht nur an den unverfrorenen Raab-Witzen scheiden sich die Geister. So teilte eine gewisse „Jeeenie" in einem Weblog mit: „Ich guck tv total zwar gerne, aber wenn der lacht, guck ich weg ... wie kann ein Mensch nur sooo viele Zähne haben, das ist doch nicht normal ..."

Stefan Raab mit seinem neuesten Erfolgsmodell: Unser Star für Oslo, Lena Meyer-Landrut

Rievkooche

Was man woanders „Kartoffelpuffer" nennt, das heißt in Köln „Rievkooche" (Reibekuchen). Das ist ein ziemlich deftiges Gericht aus fein geriebenen Kartoffeln und Zwiebeln, vermengt mit Ei und Mehl, abgeschmeckt mit Salz und Muskat und dann scheibenweise in reichlich Öl gebraten. Die Scheiben haben einen größeren Durchmesser als bei den Züricher Rösti, und in Köln reicht man dazu gerne Apfelmus, Rindertatar oder Räucherlachs, zusammen mit Schwarzbrot. Nach drei Rievkooche ist man wirklich pappsatt. Rievkooche gehören bestimmt nicht zu den Lieblingsgerichten schlankheitsbewusster Models.

„Rievkooche" eignen sich einfach nicht zum Aufwärmen in der Mikrowelle.

Bevor Currywurst, Gyros und Döner auch die kölsche Imbissgastronomie bereicherten, gab es überall in den alten Stadtvierteln Buden, wo man noch in den 1970er- oder 1980er-Jahren für eine Mark drei Reibekuchen „auf die Hand" bekam. In unseren Tagen jedoch findet man diese klassische „Rievkooche-Bud" fast nur noch auf rheinischen Rummelplätzen. Der eine oder andere Nachbar jedoch ist heute vielleicht ganz froh, dass die Rievkooche-Bud inzwischen aus seiner Umgebung verschwunden ist, denn der ölige Bratgeruch zog doch recht intensiv durchs ganze Haus. Aus diesem Grund – und auch, weil man nach dem Braten in der Regel die Fettspritzer überall in der Küche hinterher mühsam wegschrubben muss – beschränkte man die Zubereitung zu Hause meistens auf einen einzigen Tag in der Woche, und das war im katholischen „hillige Kölle" früher meistens der fleischfreie Freitag.

Auch heutzutage bieten die meisten Traditionsgaststätten nur an ein bis zwei speziellen Tagen in der Woche frischen Reibekuchen an. Die flachen Teigscheiben müssen nämlich frisch zubereitet werden und schmecken am besten, wenn man sie dann sofort verzehrt, d.h. wenn sie noch richtig schön heiß sind: „Rievkooche" eignen sich einfach nicht zum Aufwärmen in der Mikrowelle.

Rote Funken

1660 stellte die Stadt Köln eine 166 Mann starke Truppe von Berufssoldaten auf. Sie sollte die Sicherheit und Ordnung in der Stadt garantieren, hatte also eigentlich eher eine Wach- und Polizeifunktion. Wegen ihrer roten Uniform hießen sie im Volksmund „rote Funken". Ihre Besoldung war äußerst gering, die Disziplin daher eher mäßig, und so genossen sie bei der Bevölkerung kein sehr großes Ansehen. Im stumpfen Dienstalltag strickten sie manchmal Strümpfe, und die Verpflegung bestand zu einem großen Teil nur aus „Öllig" (Zwiebeln) und „Böckem" (Hering).

„Hürt met dä Scheeßerei op, süht ehr nit, dat he Minsche stonn!"

Man sagt ihnen nach, sie hätten beim Einmarsch der französischen Truppen 1794 diesen die Stadt kampflos überlassen: „Hürt met dä Scheeßerei op, süht ehr nit, dat he Minsche stonn!" (Hört mit der Schießerei auf, seht ihr nicht, dass hier Menschen stehen!).

Tatsächlich aber wurde die Funkentruppe vor der französischen Übermacht 1794 nach Mainz und dann nach Speyer verlegt; sie kämpfte in den Revolutionskriegen bis 1801 an der Seite des Reichsheeres. 1823 wurde sie dann in Köln wiedergegründet und zog im ersten Rosenmontagszug mit. Die „Kölsche Funke rut-wieß", so ihr heutiger offizieller Name, sind zusammen mit der „Die Große von 1823 e.V." die älteste Karnevalsgesellschaft in Köln.

Ihre Mitglieder teilen sich in vier Abteilungen auf, „Knubbel" genannt. Bewaffnet sind sie inzwischen nur noch mit Holzgewehren. Ihre Aufzüge bei Karnevalssitzungen persiflieren die militärischen Exerzierrituale der Preußen. „Funke, präsenteet de Knabüs!" (Funken, präsentiert die Knallbüchse!) lautet das Kommando zu Beginn des Paradetanzes. Der wird als „Stippeföttche" (Föttche = Gesäß) dargeboten, bei dem die Funken ihre Hinterteile aneinander stippen. Die Formel des Funkeneids ist in der Altstadt am Rote-Funken-Plätzchen in eine Bronzetafel eingraviert:

„Bei Öllig, Böckem, ähde Nötz
un bei der rut-wieß Funkemötz
beim hölze Zabel un Gewehr

well treu ich sin dem Fasteleer …"
(Bei Zwiebel, Hering, Tonpfeife
und bei der rot-weißen Funkenmütze
beim hölzernen Säbel und Gewehr
will ich dem Karneval treu sein …)

Mitglieder als Bürgen benennen können. Mit der offiziellen Aufnahme in das Funkenkorps erhält der Neuling einen kölschen Spitznamen, den er dann ein Leben lang tragen wird. So heißt zum Beispiel der derzeitige Senatspräsident intern

Einst waren sie Berufssoldaten; heute sind aus den Roten Funken friedliche Karnevalskrieger geworden

Die Aufnahmeregeln sind streng: Bis man diesen Eid leisten darf, muss man eine zweijährige Hospitantenzeit hinter sich haben und zwei andere „Wasserwoosch" (Wasserwurst), andere Funken werden „Fitschbunn" (Schnittbohne) oder „Fidibus" gerufen.

Straßenkarneval

Da der Kölner Karneval nicht nur in Sälen sondern auch auf der Straße stattfindet, hat man als Karnevalsabstinenzler kaum eine Chance, sich dem närrischen Treiben zu entziehen

Zwischen Weiberfastnacht und Aschermittwoch befindet sich die Stadt im Ausnahmezustand: Entlang der Strecke für die großen Umzüge haben die Ladeninhaber ihre Schaufenster mit großen Holzplatten verrammelt. Supermärkte haben an den „tollen Tagen" nur stundenweise geöffnet, die Behörden bleiben am „höchsten rheinischen Feiertag" geschlossen, manche Schalterhallen der Banken sind mit Luftschlangen geschmückt und werden an Weiberfastnacht schon morgens um zehn Uhr mit den aktuellen Stimmungshits beschallt.

Offiziell wird der Straßenkarneval an Weiberfastnacht um 9.11 Uhr auf dem Wilhelmplatz in Nippes und um 11.11 Uhr auf dem Alter Markt eröffnet, auf Freiluftsitzungen mit Aufzug des Dreigestirns. Damit aber um elf Uhr nicht schon überall Schulkinder als Schnapsleichen in der Gosse liegen, bietet man den Jugendlichen ein eigenes Programm an: Sie können sich auf dem Neumarkt bei der „Jeck Dance"-Party mit Disco- und Technomusik austoben.

Gegen 13.30 Uhr wird dann am Chlodwigplatz „Dat Spill vun Jan un Griet" aufgeführt: Der Knecht Jan war der Magd Griet nicht fein genug. Der abgewiesene Galan zog voller Liebeskummer in den Krieg und kehrte Jahre später als siegreicher Reitergeneral zurück, während Griet als arme Blumenfrau am Stadttor saß. Anschließend zieht der „Jan vun Werth"-Zug zum Alter Markt.

Weiter geht es am Karnevalsfreitag in der Abenddämmerung mit dem „Sternmarsch" der Veedelsvereine zum Alter Markt. Hier treffen sich die Stammtische und kleinen Vereine aus den Vierteln, die am Karnevalssonntag bei den „Schull- un Veedelszöch" (Schul- und Viertelszüge) mitziehen. Manche Insider meinen, dieser

Zug mit den selbst gemachten Kostümen und den liebevoll gestalteten Wagen sei viel bunter, urwüchsiger und origineller als der Rosenmontagszug.

Doch der Rosenmontagszug ist zweifellos der Höhepunkt: Dann drängeln sich bis zu 1,5 Millionen Zuschauer am 6 Kilometer langen Zugweg. Man braucht dazu gutes Stehvermögen, denn die Vorbeimarschzeit dauert 4 Stunden. Auf der Severinstraße und an den Zuschauertribünen rund um die Ladenstadt an der Oper tanzen die Jecken nach dem Zug auf der Straße und schunkeln in den übervollen Kneipen.

Am Karnevalsdienstag finden noch einige Umzüge in den Veedeln statt, so in Sülz und in Ehrenfeld. Punkt Mitternacht wird dann vor den Kneipen der „Nubbel" verbrannt – eine Strohpuppe, die für alle karnevalistischen Sünden an den letzten drei tollen Tagen büßen muss. Wenn der letzte Funken dieses Feuers erloschen ist, heißt es wieder: „Am Aschermittwoch ist alles vorbei …"

Höhepunkt der Karnevalstage in Köln ist der Rosenmontagszug

Stunksitzung

„Karneval instandbesetzt" lautete das Motto der ersten Stunksitzung 1984. Eine Studentengruppe wollte Karneval feiern, aber nicht in den erstarrten Formen des traditionellen Sitzungskarnevals mit Tusch, Klatschmarsch und biederen Altherrenwitzen. Stattdessen brachte die Truppe eine freche Mischung aus Kabarett, Comedy und kölschen Parodien auf die Bühne. In den ersten Jahren mimte Jürgen Becker im punkigen Outfit als „Irokesen-Heinz" den Sitzungspräsidenten.

Manchmal werden die Stunker sogar ein wenig poetisch

Seit 1999 moderiert Biggi Wanninger das Spektakel, und sie hat auch auf jeder Veranstaltung noch einen Soloauftritt als Trude Herr im Kostüm eines schwergewichtigen Engels im Himmel. Manche Gags sind reichlich boshaft: Als die Stunker die Kreuzinschrift „INRI" gegen „Tünnes" austauschten, handelten sie sich eine Strafanzeige ein. Die katholische Kirche, vor allem der amtierende Erzbischof Joachim Kardinal Meisner mit seinen Ansichten zur Homosexualität, wird aber auch weiterhin mit ätzenden Pointen verspottet, doch die eigene Klientel aus dem links-grün-alternativen Milieu, zumeist Lehrer und Sozialarbeiter, bekommt in den gepfefferten Sketchen ebenso ihr Fett weg.

Die Stunker wollen zurück zu den Wurzeln des Karnevals, als dieser noch subversiv war und mit seinen Satiren die Obrigkeit attackierte. Eine solche Tradition des scharfen politischen Witzes ist im Kölner Karneval nach der Revolution von 1848 nämlich weitgehend verloren gegangen, und wie diese Tradition im heutigen Mainzer Sitzungskarneval noch weitergepflegt wird, wirkt auf ein jüngeres Publikum zu altbacken.

In der Stunksitzung tritt stattdessen Bruno Schmitz in der Rolle eines frustrierten SPD-Politikers auf, der über Andrea Nahles als

„Rache der Eifel für erloschene Vulkane" lästert oder über das Bundeskabinett: „Guttenberg und Westerwelle – der eine sieht aus wie Lothar Matthäus, der andere spricht Englisch wie der." Als Schlussnummer der Session 2010 wurde das legendäre „Woodstock"-Festival als „Summer of Alaaf in Köln-Zollstock" persifliert.

Nach 25 Jahren ist aus dem einst experimentell agierenden Stunksitzungsensemble ein hochprofessionelles Unternehmen geworden, das zwischen Neujahr und Aschermittwoch im E-Werk von Köln-Mülheim rund 30 Veranstaltungen durchführt. Kultstatus genießt die Saalkapelle „Köbes Underground", die eben nicht wie bei der etablierten Konkurrenz die Gags mit einem „Tätä"-Tusch oder Schunkelwalzern untermalt, sondern die mit ihrem breit angelegten musikalischen Repertoire eigenständiger Teil des Programms ist. Stehende Ovationen gab es zum Beispiel für die Percussion-Einlage, bei der „Jungle Drums" eingekölscht wurde zu „Mein Herz schlägt för de decke Trumm".

Ein Türke als Karnevalist: Die Stunksitzung macht es möglich

Tatort

Die in Köln spielenden „Tatort"-Krimis mit Dietmar Bär als Hauptkommissar Freddy Schenk und Klaus J. Behrend als sein Kollege Max Ballauf erzielen höchste Einschaltquoten. Die einheimischen Zuschauer rätseln dann, ob sie die Drehorte in der Stadt wiedererkennen: Die Pension zum Beispiel, in der Ballauf nächtigt, liegt im Film in einem Eckhaus an der Weidengasse. Die kultige Imbissbude, die jedes Mal in der Schlussszene auftaucht, gibt es wirklich. Nur steht sie real nicht an der Deutzer Brücke mit Blick auf den Dom, sondern auf der anderen Rheinseite am Schokoladenmuseum.

Zeitweise erteilte die Stadtverwaltung 500 Drehgenehmigungen pro Jahr.

Schon in der Anfangszeit dieser ältesten Krimi-Reihe der ARD spielten die vom WDR produzierten Folgen in Köln. Von 1971 bis 1974 ging der Schauspieler Sieghard Rupp als Zollfahnder Kressin am Rhein auf Verbrecherjagd. Einige Szenen der Münsteraner Tatort-Folgen mit Axel Prahl und Jan Josef Liefers werden heute ebenfalls in Köln abgefilmt. Als sich vor Jahren der Duisburger Oberbürgermeister beschwerte, in den Schimanski-Folgen mit Götz George werde die Ruhrpottmetropole immer nur als Schmuddelstadt gezeigt, wichen die Redakteure auf ein Hochhaus in Köln-Nippes als Kulisse für Schimanskis Privatwohnung aus.

Allerdings werde auch die Stadt Köln nur als „Kunstprodukt aus Klischees" dargeboten, findet der Geograf Dr. Björn Bollhöfer. Er hat für seine Doktorarbeit 32 Tatort-Folgen analysiert und festgestellt, dass sich das Lokalkolorit oft nur auf Kölner Autokennzeichen, Flaschen mit Kölschbier und immer wieder und unvermeidlich auf den Dom beschränkt. Manche Zuschauer schreiben auch schon mal verärgert Briefe an den Sender, wenn eine Abtei im Umland als Gebäude der Kölner Universität ausgegeben wird oder eine bekannte Straße im benachbarten Bonn als Kölner Tatort im Bild auftaucht.

Zehn TV- und Rundfunksender haben ihren Sitz in Köln, und viele ihrer Serien, ob „SK Kölsch" (1997–2006 auf SAT 1) oder „Alarm für Cobra

11“ (seit 1996 auf RTL) werden ganz oder teilweise in Köln gedreht. Zeitweise erteilte die Stadtverwaltung 500 Drehgenehmigungen pro Jahr, und es ist naheliegend, dass die Kamerateams der Tatort-Redaktion beim WDR inzwischen häufig auf andere Orte ausweichen: Die Kölner Anwohner sind mittlerweile arg genervt, wenn ihre Straße tagelang abgesperrt wird.

Abschlussbild (fast) eines jeden Tatorts aus Köln: die beiden Kommissare Schenk und Ballauf an der Würstchenbude am Rheinufer

Zudem tauchten einige Plätze wie der Boxclub SC Aurora im Brückenkopf der Hohenzollernbrücke, die Industriekulisse der Heliosstraße in Köln-Ehrenfeld und die Speicherhallen der Rheinhäfen inzwischen so oft auf, dass sie als Motiv „abgefrühstückt“ sind und die Location-Scouts sich nach neuen Plätzen umsehen müssen.

Tünnes und Schäl

Tünnes hat seine Wurzeln vermutlich im flämischen Puppentheater des 18. Jahrhunderts und tauchte dann auch als Figur in der Stockpuppenbühne auf, die Christoph Winters 1802 in Köln gründete. Ab etwa 1850 gehört dann ebenso Schäl (der Schielende) zum Figurenensemble des „Hänneschen-Theaters". Die beiden verkörpern die zwei Seelen des Kölners. Tünnes ist der sinnenfrohe Triebmensch, Schäl der Kulturbürger. Der derbe und bodenständige Tünnes entstammt den „Kappesboore" (Kohlbauern) an der Peripherie der Stadt und trägt das blaue Wams der Tagelöhner und Handwerker, dazu ein rotgemustertes Halstuch. Schäl ist hingegen städtisch-bürgerlich gekleidet, mit Melonen-Hut, schwarzem Jackett oder Frack und schwarz-weiß karierter Hose.

De Höhner sin am Baden un ich passe he op ihre Klamotten op.

Bis heute sind sie Gegenstand unzähliger Witze. Kostprobe: Tünnes und Schäl stehen am Rheinufer und schauen zu, wie ein Tankschiff vorüber fährt. Es trägt am Bug deutlich sichtbar den Firmennamen „Shell". Tünnes: „Och, Schäl, loor ens, wie blöd die do dinge Name jeschrivve han." (Och, Schäl, guck mal, wie blöd die da deinen Namen geschrieben haben.)

Bauernschlaue Pfiffigkeit lässt Tünnes erkennen, als er vier Hühner geklaut hat und ihnen am Rheinufer das Federkleid ausrupft. Als ein Polizist herbeieilt, wirft Tünnes die Hühner ins Wasser. Der Polizist ruft beim Anblick der Federn aus: „Ah, da habe ich ja den Hühnerdieb erwischt!" Tünnes: „Enä, wieso dat dann? De Höhner sin am Baden un ich passe he op ihre Klamotten op." (… die Hühner baden und ich passe hier auf ihre Klamotten auf.)

Dass Schäl hingegen stets eine Neigung zur Hinterfotzigkeit und manchmal auch zu krummen Touren hat, belegt folgender Witz: Tünnes will sein altes Auto verkaufen. Schäl gibt ihm den Rat, vorher das Auto in der Waschanlage gründlich zu reinigen, und dann soll Tünnes auch noch den Tacho auf 20.000 Kilometer zurück drehen. Als sie sich eine Woche später wieder treffen, fragt Schäl, ob Tünnes den Wagen verkauft hat. Tünnes: „Enä. Ich bin doch

nit blöd. Oder meinste, ich dät 'ne Wagen verkoofe, dä nur 20.000 Kilometer jelaufen hätt?"
Der Bildhauer Wolfgang Reuter schuf 1974 die Bronzefiguren für das Tünnes-und-Schäl-Denkmal auf dem Vorplatz von Groß St. Martin. Und da sich die Steinmetze in der Dombauhütte gelegentlich schon mal den Scherz erlauben, sich selbst oder zeitgenössische Personen zu porträtieren und diese Figuren dann diskret an Stellen anbringen, wo man sie nicht sofort sieht, enthält der plastische Schmuck der Domfassade auch eine Tünnes- und-Schäl-Darstellung über dem Seitenportal der Nordseite und zwar auf der rechten Seite des Spitzbogens.

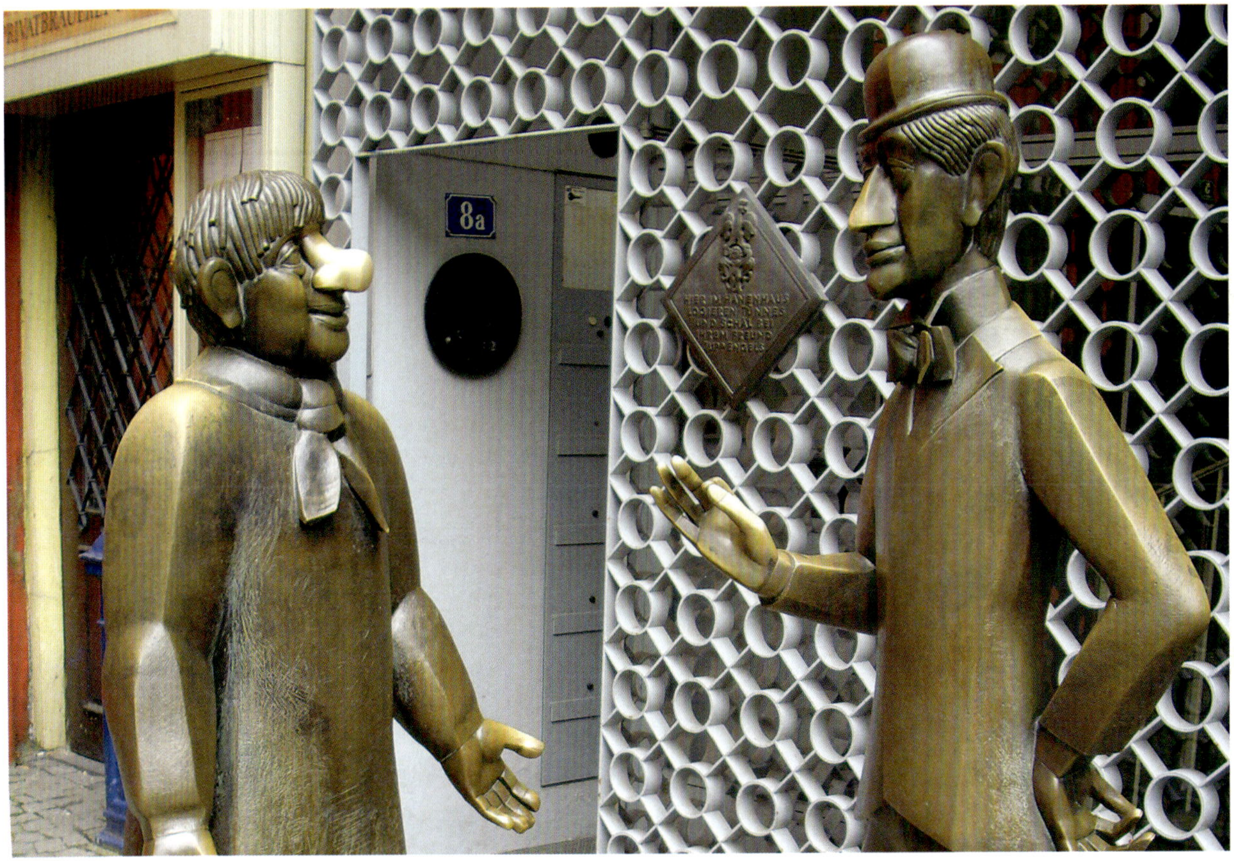

Dick und Doof aus Köln: Tünnes und Schäl

Bildnachweis

Archiv des Verlages: S. 42, 44, 48

istockphoto.com: S. 96: Jürgen Busse

Kallnbach, Siglinde: S. 10, 11, 19, 35, 142, 130

Linke, Manfred: S. 13, 17, 33, 37, 40, 45, 53, 55, 61, 68, 69, 70, 71, 77, 79, 82, 86, 87, 89, 92, 93, 98, 99, 100, 101, 105, 111, 113, 117, 128, 131, 132, 133, 137, 138, 139

Lutterbeck, Barbara: S. 43, 59, 121

picture-alliance.com: S. 9: akg-images, S. 15: Horst Ossinger, S. 20: Horst Ossinger, S. 21: Sven Simon, S. 22: Jörg Carstensen, S. 25: dpa, S. 26: Hermann Wöstmann, S. 27: Jörg Carstensen, S. 31: akg-images, S. 41: Federico Gambarini, S. 46: Oliver Berg, S. 47: dpa, S. 50: dpa, S. 51: Jörg Carstensen, S. 56: Fishing4, S. 57: Mika Volkmann, S. 63: dpa, S. 65: dpa, S. 67: Jörg Carstensen, S. 72: Horst Ossinger, S. 73: Jörg Carstensen, S. 75: Bernd Thissen, S. 80: Roland Schneidermann, S. 81: Oliver Berg, S. 83: Gero Breloer, S. 91: Roland Weihrauch, S. 97: Federico Gambarini, S. 103: Hermann Wöstmann, S. 108: dpa, S. 110: dpa, S. 118: Martin Schutt, S. 119: Sven Simon, S. 123: Bildagentur Huber/Kornblum, S. 125: Horst Ossinger, S. 129: Andreas Altwein, S. 135: Jörg Carstensen, S. 141: dpa

pixelio.de: S. 107: Ingo Anstoetz, S. 127: Rike

Schneider, Hans-Joachim: S. 23

Strotmann, Susanne: S. 114, 115

Worring, Stefan: S. 49, 88, 94, 95, 124